Wolfgang Kau

—

Leitfaden zu Wagners Ring

Wolfgang Kau

Leitfaden zu Wagners Ring

Götterdämmerung

Königshausen & Neumann

Umschlagabbildungen:

Vorderseite:
Devotchkah: Colorful backgrounds © Envato.com

Rückseite:
Bayreuther Bühnenbilder. Der Ring des Nibelungen.
Götterdämmerung, III. Aufzug Schlussbild.
Reproduction of the set design by Max Brückner.
Wikicommons: https://upload.wikimedia.org/wikipedia/commons/
6/60/Max_Br%C3%BCckner_-_Otto_Henning_-_Richard_Wagner_-
_Final_scene_of_G%C3%B6tterd%C3%A4mmerung_-_crop.
jpg?uselang=de (Letzter Zugriff: 22.06.2022)

Bibliografische Information der Deutschen Nationalbibliothek

Die Deutsche Nationalbibliothek verzeichnet diese Publikation in der Deutschen Nationalbibliografie; detaillierte bibliografische Daten sind im Internet über http://dnb.d-nb.de abrufbar.

Gedruckt auf säurefreiem, alterungsbeständigem Papier
Umschlag: skh-softics / coverart

Printed in Germany
ISBN 978-3-8260-7660-2
www.koenigshausen-neumann.de
www.ebook.de
www.buchhandel.de
www.buchkatalog.de

Inhalt

Vorwort ... 7

Vorspiel
Auf dem Walkürenfelsen

Erste Szene ... 9
Zweite Szene ... 20

Erster Aufzug
Die Halle der Gibichungen am Rhein

Erste Szene ... 27
Zweite Szene ... 40
Dritte Szene
Die Felsenhöhe wie im Vorspiel ... 59

Zweiter Aufzug
Uferraum vor der Halle der Gibichungen

Erste Szene ... 75
Zweite Szene ... 84
Dritte Szene ... 92
Vierte Szene ... 97
Fünfte Szene ... 115

Dritter Aufzug
Wildes Wald- und Felsental am Rhein

Erste Szene ... 127
Zweite Szene ... 141
Dritte Szene
Die Halle der Gibichungen wie im ersten Aufzug ... 153

Literaturverzeichnis ... 171

Für Carola und
Benedikt Erasmus

Vorwort

Der abwehrende Seufzer *„Kommen Sie mir nicht mit dem Text!“* begleitet den *Ring* so hartnäckig wie ein Fluch. Kaum ein anderes Kunstwerk wird einerseits (Musik) so enthusiastisch verehrt und andererseits (Text) so hartnäckig verschmäht. Die Abneigung gilt dem Kern der Verehrung. Denn die Musik ist nur ein Spiegelbild des Dramas, das der Text auf der Bühne entfaltet. Wagner war der erste, dem das auffiel: *„Sonderbar! Erst beim Komponieren geht mir das eigentliche Wesen meiner Dichtung auf: überall entdecken sich mir Geheimnisse, die mir bis dahin noch verborgen blieben,“* schrieb er an Franz Liszt.

Die Unlust am Text hat Gründe. Das *Gedicht*, wie Wagner gerne schrieb, ist sperrig. Der gewundene Satzbau, der artifizielle Zeilenumbruch und eigenwillige Wortschöpfungen Wagners stören den Lesefluss und schrecken ab. Auch inhaltlich tun sich Rätsel auf. Wovon sprechen die Nornen in ihrem *weihevollen Weltenklatsch* (Thomas Mann)? Warum verliert Brünnhilde im Vorspiel ihr göttliches Vielwissen? Weshalb lassen sich Gutrune und Gunther auf Hagens Pläne ein? Wie wirkt die Vergessenheitsdroge auf Siegfried? Warum nehmen die Rheintöchter Siegfrieds Schenkungsangebot nicht an? Weshalb klingt Brünnhildes Hass auf Siegfried mit dessen Tod ab? Diese und viele weitere Fragen beantwortet der Ringtext nicht, jedenfalls nicht auf Anhieb. Dieses Dickicht hat System. Im Nibelungenlied und seinen anderen Quellen bediente sich Wagner wie in einem verwaisten Steinbruch. Aus fremdem und altertümlichem Material formte er nach eigenem Gutdünken ein zeitlos aktuelles Menschheitsdrama. Das Resultat hat nichts mit Göttern, Riesen, Zwergen oder drachentötenden Helden zu tun. Die Zuschauer und deren irdische Vorlieben stehen im *Ring* auf der Bühne.

Wer sich dem Ringtext unter diesem Blickwinkel vorurteilsfrei nähert, wird bleibend belohnt. Denn das Textdrama ist so vielschichtig wie die Musik. Und die Musik hört mit anderen Ohren, wer den Text kennt und versteht. Die Reibungen, die Wagner zwischen Text, Handlung und Musik spannungs- und beziehungsreich anlegt, erschließen sich nur und erst in einer Gesamtschau. Dieser

Leitfaden führt Zeile für Zeile durch den ungekürzten Sprachtext der Orchesterpartitur. Aus solcher Nähe wird das von Weitem spröde wirkende Ring-Drama unerwartet lebendig und nicht selten gar unterhaltsam. Querverweise, die den Lesefluss stören würden, stehen in Fußnoten. Die Zahlen hinter dem Kürzel „Tz“ beziehen sich auf die Textzeilen am Rand. Möge dieser *Leitfaden* den Zugang zum Kern des *monumentalsten Kunstwerkes des 19. Jahrhunderts* (Alex Ross) auf vergnügliche Weise erleichtern.

Großer Dank gebührt meiner Frau Carola Vulpius, die meine Schwäche für Wagners Werke seit Jahren geduldig und mit liebevoller Nachsicht erträgt und begleitet. Ihr habe ich auch für die mühsame Lektüre meiner ersten Entwürfe und für viele kluge Hinweise zu danken, die mir geholfen haben, Wagners Text und Ideen zu durchdringen. Ebenfalls sehr zu danken habe ich meinen Freunden Nikolaus Blum, Ulrike Christof und Thomas Lother für ihre kritische Lektüre meiner Manuskripte und viele wertvolle Hinweise. Nicht zuletzt gilt mein Dank allen, die an den im Literaturverzeichnis aufgeführten Werken mitgewirkt haben. Ohne diesen Fundus wäre dieses Werk so nie entstanden.

Götterdämmerung
(Dritter Tag)

Vorspiel
(Auf dem Walkürenfelsen)

Die Götterdämmerung ist keine Apokalypse: sie sieht einen Machtwechsel vor, von den Göttern zu den Menschen. [1]

Erste Szene

Die Handlung der *Götterdämmerung* schließt nahtlos an die Schluss-Szene des *Siegfried* an.[2] Wenn sich der Vorhang im 19. Takt des Vorspiels *langsam öffnet*, soll sich das gleiche Bühnenbild wie in der Finalszene des *Siegfried* bieten. Auf dem Walkürenfelsen sitzen bei Nacht in langen, dunklen und schleierartigen Faltengewändern *drei hohe Frauengestalten*, während *aus der Tiefe des Hintergrundes Feuerschein* emporleuchtet. Es sind die drei Nornen – namenlose Töchter Erdas mit einem nicht genannten Vater.[3] Sie spinnen und weben am goldenen Weltenseil, während Erda im Schlaf ihr Weltwissen ordnet.[4] Die erste (älteste) Norn lagert im Vordergrund unter einer breitästigen Tanne; die zweite Norn ist an einer Steinbank vor dem Felsengemach Siegfrieds und Brünnhildes hingestreckt und die dritte (jüngste) Norn sitzt in der Mitte des Hintergrundes auf einem Felsstein des Höhensaumes. Die Szene beginnt bewegungslos mit *düsterem Schweigen*. Nach einer Weile

---

1 Alex Ross, *Die Welt nach Wagner*, S. 652.

2 Zwischen *Siegfried* und *Götterdämmerung* dürfte nur eine Nacht vergehen. Dafür spricht die einleitende Beobachtung der Nornen, wonach das Feuer auf dem Walkürenfelsen in dieser Nacht besonders hell leuchtet. Das passt zu dem Blitz, der nach Siegfrieds Schwerthieb Wotans zerbrochenem Weltenspeer entfuhr. Dieser Blitz ließ den im Laufe der Jahre ermatteten Feuerschein auf dem Walkürenfelsen wieder hell auflodern; siehe *Siegfried* Regieanweisung nach Tz 1526. Zwischen *Rheingold* und *Walküre* sowie zwischen *Walküre* und *Siegfried* vergehen hingegen jeweils knapp 20 Jahre.

3 In dieser und anderer Hinsicht sind die drei Nornen ein düsteres Spiegelbild der Rheintöchter, von denen nur der Vater (Rheinvater), nicht aber die Mutter bekannt ist.

4 Siehe *Siegfried* Tz 1328–1333.

rätseln die beiden älteren Nornen über den hellen Feuerschein im Hintergrund.

(Die erste Norn.)
Welch' Licht leuchtet dort?

(Die zweite Norn.)
Dämmert der Tag schon auf?

Die Fragen wirken rätselhaft. Denn das Licht stammt von dem Feuer, das Wotan vor etwa 20 Jahren auf dem Walkürenfelsen entzündete.[5] Doch lodert der zuletzt matte Feuerschein heller, seit Siegfried am Vortag Wotans Weltenspeer zerteilte.[6] Die dritte Norn erklärt es ihren Schwestern und schlägt vor, gemeinsam am Weltenseil zu spinnen und zu singen. Die zweite Norn greift den Vorschlag mit der Frage an ihre älteste Schwester auf, woran diese das Weltenseil zu befestigen gedenkt.

(Die dritte Norn.)
Loges Heer[7] lodert feurig um den Fels.
Noch ist's Nacht.
Was spinnen und singen wir nicht?

(Die zweite Norn zur ersten.)
Wollen wir spinnen und singen,
woran spannst du das Seil?

So eröffnen die Nornen das Gesprächstableau, das Thomas Mann unübertroffen sprachvirtuos *weihevollen Weltenklatsch*[8] taufte. Mit Klatsch hat das Gespräch der drei Damen allerdings wenig gemein. Text und Regie folgen einem Muster, das vom Reißbrett stammt. Nach strengen Regeln und in einer vom Textdichter penibel bedachten Sitzordnung[9] werden sich die drei Nornen reihum das

---

5 Siehe *Walküre* Tz 1447–1457.

6 Siehe *Siegfried* Regieanweisung nach Tz 1526.

7 Das Feuer auf dem Walkürenfelsen; siehe *Rheingold* Tz 710–716, 1462–1464 und *Walküre* Tz 1447–1455.

8 Thomas Mann, *Leiden und Größe Richard Wagners* (Vortrag 1933).

9 Wie Torsten Meiwald in *Randbemerkungen,* S. 92f. nachweist, entspricht die von Wagner vorgesehene Sitzordnung der drei Nornen im Bayreuther Festspielhaus exakt den geographischen Angaben in der *Edda*. Die erste Norn sitzt im Osten, die zweite im Westen und die dritte im Norden, während die Zuschauer aus dem Süden auf das Geschehen blicken.

Weltenseil zuwerfen. Ständig begleitet von der wie ein Leitmotiv wiederkehrenden Sorge um eine angemessene Befestigung des freien Seilendes berichten die drei Damen in drei Zyklen davon, was früher war, was gegenwärtig ist und was zukünftig sein wird. Jeweils allein die Norn, bei der sich das freie Seilende befindet, führt das Wort.[10] Nicht nur im Ablauf, auch thematisch herrscht strenge Ordnung: die erste Norn spricht allein von der Vergangenheit, die zweite von der Gegenwart und die dritte Norn schaut in die Zukunft. Nach den ersten beiden Zyklen wandert das Weltenseil jeweils umständlich in zwei Stationen von der dritten Norn über die Hände der zweiten Norn zur ersten Norn zurück. Das strenge Ritual unterstreicht, dass die Nornen der *Götterdämmerung* anders als ihre sagenhaften Vorbilder[11] und anders als ihre Mutter Erda zwanghaft den Weltgesetzen unterworfen sind und *nichts wenden oder wandeln* können, wie uns Wotan im dritten Aufzug des *Siegfried* bereits sachkundig mitteilte.[12] Thematisch im Mittelpunkt der drei Zyklen stehen nacheinander die drei Personen, die das Geschehen an den ersten drei Abenden der Tetralogie am nachhaltigsten beeinflussten und in der Götterdämmerung nicht mehr leibhaftig auftreten werden: Wotan, Loge und Alberich.[13]

Die erste Norn erhebt sich, *löst von sich ein goldenes Seil* und knüpft, während sie von Wotans Vergangenheit berichtet (Wotan-Zyklus), das freie Seilende an einen Ast der *breitästigen Tanne*. Erstmals an dieser Stelle[14] hören wir von Vorgängen, die in vier Zeitebenen dem *Rheingold* vorangingen und dem Gesamtgeschehen der Tetralogie sinngebend zugrunde liegen. Erste Ebene: in grauer Vorzeit woben und sangen die Nornen im Schatten der Weltesche ungestört *heiligen Sinn*.[15] Zweite Ebene: dieser Naturzustand ende-

---

[10] Laut Heinrich Porges, der in Wagners Gegenwart die Bühnenproben zur Bayreuther Uraufführung im Jahr 1876 begleitete, sollen die Nornen, *bevor sie ihre geheimnisvollen Weisen laut werden lassen, einen Blick auf das zugeworfene Seil werfen, von dem sie die ihnen gewordene Kunde gleichsam ablesen*; ders. *Bühnenproben,* Götterdämmerung, S. 3.

[11] Näher und weiterführend dazu Torsten Meiwald, *Randbemerkungen*, S. 89ff.

[12] Siehe *Siegfried* Tz 1334–1337.

[13] Alberichs Auftritt in der ersten Szene des zweiten Aufzugs (Tz 568–633) ist nur ein Traum Hagens.

[14] Eine in seinem Sinne stark geschönte Andeutung dieser Vorgänge gab Wotan in seinem Selbstgespräch vor Brünnhilde im zweiten Aufzug der *Walküre*, siehe dort Tz 580–589.

[15] Siehe Tz 10–14.

te, als Wotan den Ort besuchte und für den Preis eines seiner Augen einen Trank aus der *Quelle der Weisheit*[16] am Fuß der Weltesche nahm.[17] Seither auch und insbesondere im übertragenen Sinne auf einem Auge blind für andere Belange als die eigenen (Macht-) Ambitionen, brach Wotan den größten *(weiblichsten)* Ast aus der Weltesche[18] und schnitzte ihn zu dem Weltenspeer, der ihm seither Weltherrschaft verleiht. Dritte Ebene: *in langer Zeiten Lauf* ist die Weltesche verdorrt und die einst an ihrem Fuß schäumende Quelle der Weisheit versiegt.[19] Vierte Ebene: heute taugt die Weltesche nicht mehr als Halt für das Weltenseil. Diese bereits für das Verständnis der ersten drei Abende der Tetralogie zentralen Informationen begegnen uns erst hier, weil Wagner den Ringtext im Krebsgang verfasste. Die Nornenszene der *Götterdämmerung* (ursprünglich „*Siegfrieds Tod*" betitelt) stand ursprünglich am Anfang des Werks. Erst nachdem er den Text der *Götterdämmerung* vollendet hatte, entschloss sich Wagner, das Werk stufenweise – in dieser Reihenfolge – um *Siegfried* („*Der junge Siegfried*"), *Die Walküre* und *Das Rheingold* zu ergänzen. So erfahren wir erst im Vorspiel der *Götterdämmerung*, dass Alberichs Goldraub und dessen Ringfluch *nur Kinkerlitzchen sind im Vergleich zu dem allerersten Verbrechen eines Gottes, der aus dem Willen zur Macht eine nicht enden wollende Kette von Vergewaltigungen, Gesetzesübertretungen und Gewalttaten einleitete.*[20]

---

16 Die Parallele zum biblischen Baum der Erkenntnis drängt sich auf.

17 Siehe Tz 15–18.

18 Wotans eigene Darstellung in *Siegfried* Tz 356 spricht dafür, dass er vor Ort nicht nach dem erstbesten Ast griff, sondern gezielt den stattlichsten (*weiblichsten*) Ast des heiligen Baums herausbrach.

19 Siehe Tz 19–22.

20 So pointiert: André Glucksmann, *Meisterdenker*, S. 274f. Differenzierter und allzu wohlwollend: Bryan Magee, *Wagner and Philosophy*, S. 114f.: *What Alberich then goes on to do when he has forged his ring runs exactly parallel to what Wotan had done when he had fashioned his spear: he imposes order on a race of beings which had hitherto lived carefree in a state of Nature. ... Alberich and Wotan represent the two most familiar faces of political power, and are very much two sides of the same coin: on the one hand naked violence, administered with terror and the whip, the sort of brute force that treats other people as objects if not obstacles, the variables in Lenin's notorious question, "Who whom?"; and on the other hand civilized order founded on the rule of law, agreements, contracts, all of which embody respect for the Other. The reason they are two sides of the same coin is that even Wotan's well-intentioned, non-violent rule involves him in perpetual injustice: he gets entangled in grubby compromises, he*

Weil die verdorrte Weltesche auf Wotans Geheiß kürzlich gefällt und zu Holzscheiten zerteilt wurde,[21] muss die erste Norn das freie Seilende ersatzweise an den Ast einer (in Wagners Quelltexten gegenüber einer Esche als weit weniger edel angesehenen)[22] Tanne knüpfen. Ihren Bericht über die Vorgeschichte der Tetralogie beschließt die erste Norn mit der von ihren Schwestern nachfolgend jeweils leicht variierten Frage nach dem weiteren Gang des Weltgeschehens[23] und einem gekonnten Wurf des Weltenseils zu ihrer nächstjüngeren Schwester, der zweiten Norn.[24]

(Die erste Norn.)
So gut und schlimm es geh',
schling' ich das Seil und singe.

An der Welt-Esche wob ich einst,
da groß und stark dem Stamm entgrünte weihlicher Äste Wald.
Im kühlen Schatten rauscht' ein Quell;
Weisheit raunend rann sein Gewell':
da sang ich heil'gen Sinn.

Ein kühner Gott trat zum Trunk an den Quell;
seiner Augen eines zahlt' er als ewigen Zoll.
Von der Weltesche brach da Wotan einen Ast;
eines Speeres Schaft entschnitt der Starke dem Stamm.

In langer Zeiten Lauf zehrte die Wunde den Wald;
falb fielen die Blätter, dürr darbte der Baum;
traurig versiegte des Quelles Trank:
trüben Sinnes ward mein Gesang.

---

breaks promises, he cheats people, he steals, all in attempt to establish and maintain what are essential civilized values.

21 Siehe Tz 31–33.

22 Siehe dazu *Die Edda des Snorri Sturluson*, Gylfis Täuschung, 15. Gesang: *Die Esche ist der größte und beste aller Bäume.*

23 Die in barocker Manier wiederkehrende Frageformel fand Wagner in den Götterliedern der älteren Edda, *Die Weissagung der Seherin*, Strophen 27ff.: *Wisst ihr nun noch etwas?*

24 Während der Proben zur Bayreuther Uraufführung des Rings vom Hilfsregisseur Richard Fricke auf gewisse praktische Schwierigkeiten mit dem Seilwerfen angesprochen: *Das Seil muss lang, golden und leicht sein und doch auch wieder schwer genug, dass es zugeworfen werden kann, ich fürchte, dass es die drei Damen nicht lernen werden* –, erklärte Wagner kurz und trocken: *Sie müssen es so lange üben, bis sie es können!* Richard Fricke, *Bayreuther Tagebuch*, S. 59.

Doch, web' ich heut' an der Weltesche nicht mehr,
muss mir die Tanne taugen, zu fesseln das Seil, –
singe, Schwester, dir werf' ich's zu:
weißt du, wie das wird?

Die zweite Norn windet das Seilende um einen *hervorspringenden Felsstein am Eingang* zu Brünnhildes und Siegfrieds Steingemach. Derweil berichtet sie von einem Vorfall, der streng genommen noch in die Zuständigkeit ihrer älteren Schwester fällt: dass Wotan das Grundgesetz seiner Herrschaft vormals in den Schaft des Weltenspeeres eingravierte. Dann teilt sie mit, was im Finale des *Siegfried* und seither mit Wotan geschah: heimgekehrt von seiner Niederlage gegen Siegfried befahl Wotan den Helden Walhalls, die welke Weltesche zu fällen und in Scheite zu zerteilen. Erst seither, so belehrt die zweite Norn ihre ältere Schwester in deren Ressort, sei die Quelle der Weisheit für immer versiegt.[25]

(Die zweite Norn.)
Treu berat'ner Verträge Runen schnitt Wotan in des Speeres Schaft:
den hielt er als Haft der Welt.
Ein kühner Held[26] *zerhieb im Kampfe den Speer;*
in Trümmer sprang der Verträge heiliger Haft.[27]

Da hieß Wotan Walhalls Helden,
der Welt-Esche welkes Geäst mit dem Stamm in Stücke zu fällen:
die Esche sank; ewig versiegte der Quell.

Fess'le ich heut' an den scharfen Fels das Seil,
singe, Schwester, dir werf' ich's zu:
weißt du, wie das wird?

Die dritte Norn fängt das freie Seilende und wirft es für ihren Blick in die nahe Zukunft ebenso hinter sich, wie ihr Bericht im übertragenen Sinn die Vergangenheit und die Gegenwart hinter sich lässt. Die Vorausschau beginnt in der Gegenwart: Walhall ragt unverändert stolz empor. Mit den Göttern und Helden sitzt dort Wotan im Saal.[28] Doch die Zukunftsaussichten sind düster. Rund um die Hal-

---

[25] Siehe Tz 21.

[26] Siegfried.

[27] Wotans Weltenspeer, siehe auch *Siegfried* Tz 352–364 und 793f.

[28] Wie es inzwischen um Wotan, die Götter und die Helden steht, wird in der dritten Szene des ersten Aufzugs Brünnhildes Schwester Waltraute berichten; siehe Tz 425–450.

le der Götter und Helden ist in Scheiten die Weltesche aufgeschichtet. Brennt das Holz, ist das Ende der Götter besiegelt.

(Die dritte Norn.)
Es ragt die Burg, von Riesen gebaut:
mit der Götter und Helden heiliger Sippe sitzt dort Wotan im Saal.
Gehau'ner Scheite hohe Schicht ragt zu Hauf' rings um die Halle:
die Weltesche war dies einst!

Brennt das Holz heilig brünstig und hell,
sengt die Glut sehrend den glänzenden Saal,
der ewigen Götter Ende dämmert ewig da auf.

Wisset ihr noch?
So windet von neuem das Seil;
von Norden wieder werf' ich's dir nach.
Spinne, Schwester, und singe!

Für den zweiten Zyklus des Weltenklatsches, den Loge-Zyklus, wechselt das Seilende zweimal die Besitzerin. Die dritte Norn wirft es wortlos der zweiten, diese ebenfalls wortlos der ersten Norn zu. Diese knüpft das Seil wieder an einen (anderen) Ast der breitästigen Tanne. Ihr anschließender Blick in die Vergangenheit bleibt unergiebig. Anbrechendes Tageslicht oder (allein ihr Gedanke an) Loges vormals feuriges Wirken trübt den Rückblick in die als golden empfundene Vergangenheit. Diese ist finsterer als die Erinnerung, da Loge das *heilig Alte* brennend zerstörte.

(Die erste Norn.)
Dämmert der Tag?
Oder leuchtet die Lohe?
Getrübt trügt sich mein Blick;
nicht hell eracht' ich das heilig Alte,
da Loge einst brannte in lichter Glut.

Weißt du, was aus ihm ward?

Das freie Seilende wandert zur zweiten Norn, die es erneut um den Felsstein windet und in rätselhaft wirkenden Andeutungen von Loge und Wotan spricht. Zunächst erfahren wir, dass Wotan seinen freiheitsliebenden Götterfreund einst mit der Zauberkraft des Weltenspeeres zähmte. Um sich von diesem Zwang zu befreien, verleitete Loge den obersten Gott zu Taten, die gegen die in den Weltenspeer eingravierten Grundregeln der Götterherrschaft verstießen.[29] Allein im *Rheingold*[30] wurden wir Zeuge von zwei Verstößen dieser Art. Den ersten Verstoß fädelte Loge am Vorabend des *Rheingold* ein, als er Wotan ermutigte, den für die Götter nur um den Preis ihrer Unsterblichkeit erfüllbaren Vertrag mit den Riesen abzuschließen.[31] Dem zweiten Regelbruch bereitete Loge den Boden, als er den Göttern empfahl, Alberich den Ring zu rauben.[32] Mit Alberich verband die Götter zwar kein Vertrag. Doch Alberichs Argument, der Raubüberfall habe fundamental gegen die eigenen Grundwerte der Götter verstoßen,[33] hat auch ohne Vertragsbruch viel für sich. Schließlich erfahren wir aus dem Mund der zweiten Norn, was wir bereits wissen: wohl ein letztes Mal übte Wotan seinen Speerzwang über Loge aus, als er ihn im Finale der *Walküre* als schützenden Flammenwall rings um Brünnhilde legte.[34] Diesem Zauberbann konnte Loge so wenig widerstehen wie Erda dem Weckruf Wotans im dritten Aufzug des *Siegfried*.[35] Das von der zweiten Norn nicht genannte Ziel von Wotans feurigem Ratgeber liegt nahe: der Untergang der Götter (in Loges lodernden Flammen)[36] würde und wird Loge von dem bevormundenden Zwang befreien, den Wotan mit dem Weltenspeer auch über ihn ausübt[37] – für einen Gott, der seine innere Freiheit mehr zu schätzen weiß als jeder andere Charakter auf der Bühne[38] kein gering zu schätzendes Ziel.

---

29 So etwa im *Rheingold* der Verkauf Freias an die Riesen und der gemeinsame Raubzug in Nibelheim; siehe *Rheingold* Tz 291–298, 427–452, 461–463, 486–493 und *Walküre* Tz 584–587. Ähnlich wie hier zu Loges Motivation: Carl-Heinz Mann, *Gerechtigkeit für Wotan,* S. 33f. und Torsten Meiwald, *Randbemerkungen,* S. 160f.

30 Dass Loge seinen göttlichen *Freund* schon zuvor zu Betrug und Untreue verlockte, deutet Fricka im *Rheingold* (siehe dort Tz 291–293) an. In die gleiche Richtung weist eine Bemerkung Wotans in seinem Selbstgespräch vor Brünnhilde in *Walküre* Tz 584–587.

31 Siehe *Rheingold* Tz 316–337, 387–389, 408–415.

32 Siehe *Rheingold* Tz 428–452, 486–493; wie hier: Carl-Heinz Mann, *Gerechtigkeit für Wotan,* S. 33.

33 So *Rheingold* in Tz 918–921.

34 Siehe *Walküre* Tz 1447–1453.

35 Siehe *Siegfried* Tz 1295–1314 und 1366–1369.

36 Siehe Tz 1404–1407 und *Rheingold* Tz 1161–1166.

37 Näher dazu: Torsten Meiwald, *Randbemerkungen,* S. 160f.

38 Siehe *Rheingold* Tz 1161–1166.

(Die zweite Norn.)
Durch des Speeres Zauber zähmte ihn Wotan;
Räte raunt' er dem Gott:
an des Schaftes Runen frei sich zu raten, nagte zehrend sein Zahn:
da mit des Speeres zwingender Spitze bannte ihn Wotan,
Brünnhildes Fels zu umbrennen.[39]

Weißt du, was aus ihm wird?

Die dritte Norn fängt das freie Seilende und wirft es für ihren zweiten Blick in die Zukunft wieder demonstrativ hinter sich. Dann kündet sie den Feuertod der Götter an, den Loge in der Schlussszene des *Rheingold* und Brünnhilde in der Schlussszene des *Siegfried* übereinstimmend schon vorhersagten.[40] Nicht in dieser Form bewahrheiten wird sich die Prognose, dass Wotan die Scheite der Weltesche (mit den Bruchstücken seines zerbrochenen Speeres) in Brand setzen wird; das wird Brünnhilde tun.[41] Auch Nornen wissen nicht alles.

(Die dritte Norn.)
Des zerschlag'nen Speeres stechende Splitter
taucht einst[42] *Wotan dem Brünstigen*[43] *tief in die Brust:*
zehrender Brand zündet da auf;
den wirft der Gott in der Weltesche zu Hauf geschichtete Scheite.

Wollt ihr wissen, wann das wird?
Schwinget, Schwestern, das Seil!

Für den dritten Zyklus, den Alberich-Zyklus, der das Ende des Weltenseils besiegeln wird, wandert das freie Seilende wieder um-

---

[39] Textzeile für Textzeile frei gedeutet: *Mit der Zauberkraft seines Speeres zähmte ihn* (Loge) *Wotan; / zuvor soufflierte Loge dem Gott* (Wotan) *Ratschläge: / um sich selbst von den in Runenschrift im Schaft des Speeres verewigten Gesetzen zu befreien, verleitete Loge Wotan dazu, gegen die Göttergesetze zu verstoßen. / Nachdem Loge das gelungen war, bannte ihn Wotan / in Feuergestalt den Walkürenfelsen zu umbrennen.*

[40] Siehe *Rheingold* Tz 1161–1166 und *Siegfried* Tz 1769–1775.

[41] Siehe Tz 1407. Wotan, Loge und Brünnhilde als gemeinsame Brandstifter sieht Torsten Meiwald, *Randbemerkungen,* S. 169f.

[42] Hier im Sinne von „dereinst", also zukünftig; in diesem Sinne auch in Tz 449. Die dritte Norn prophezeit hier das feurige Finale der *Götterdämmerung.*

[43] Loge als Feuer.

ständlich in zwei Stationen zurück in die Hände der ersten Norn. Diese knüpft das Seilende von neuem an die breitästige Tanne. Diesmal trübt anbrechendes Tageslicht den mythischen Blick in die Vergangenheit. Noch bedenklicher wirkt eine Veränderung am Geflecht des Weltenseils: das Seil wirkt *verflochten,* die einzelnen Fäden sind nicht mehr zu unterscheiden. Ohne einen direkten Zusammenhang dieser Beobachtung mit Alberich herzustellen, kaum aber ganz zufällig, beklagt die erste Norn, dass *ein wüstes Gesicht* – wohl die Grimasse Alberichs beim Liebesfluch, der ihm den Zugriff auf das Machtpotential des Rohstoffs Rheingold eröffnete[44] – ihre Gedanken verwirre.

(Die erste Norn.)
Die Nacht weicht;
nichts mehr gewahr' ich:
des Seiles Fäden find' ich nicht mehr;
verflochten ist das Geflecht.

Ein wüstes Gesicht wirrt mir wütend den Sinn:
das Rheingold raubte Alberich einst:

Weißt du, was aus ihm ward?

Das freie Ende des Weltenseils landet bei der zweiten Norn, die es *mit mühvoller Hast* erneut um den Felsstein windet. Sie notiert zunächst sachlich und ohne Personenbezug, dass der scharfkantige Stein in das Seil schnitt und das Fadengeflecht des Weltenseil sich gelockert und verwirrt habe. Dann fährt sie fort, dass Alberichs Ring aus *Not und Neid* hervorrage und der Ringfluch am Fadengeflecht des Weltenseils nage.

(Die zweite Norn.)
Des Steines Schärfe schnitt in das Seil;
nicht fest spannt mehr der Fäden Gespinst;
verwirrt ist das Geweb':
aus Not und Neid ragt mir des Niblungen Ring:
ein rächender Fluch nagt meiner Fäden Geflecht.

Weißt du, was daraus wird?

---

44 Siehe *Rheingold* Tz 207–227.

Die dritte Norn greift hastig nach dem ihr zugeworfenen Ende des Weltenseils. Doch die Antwort auf die Frage ihrer älteren Schwester nach dem weiteren Gang der Dinge bleibt aus. Wie Brünnhilde sich das im Finale des *Siegfried im höchsten Liebesjubel wild auflachend* herbeiwünschte,[45] reißt das Weltenseil, als die dritte Norn *gewaltsam daran zieht.*

(Die dritte Norn.)
Zu locker das Seil, mir langt es nicht!
Soll ich nach Norden neigen das Ende, straffer sei es gestreckt!

(Die Nornen nacheinander.)
Es riss!
Es riss!
Es riss!

Die Nornen fassen die Stücke des zerrissenen Seils und binden ihre Leiber aneinander. Kollektiv selbstgefesselt fahren sie zu Erda hinab. Im Abgang teilen sie mit, was der Seilriss für die Welt bedeutet: Erda, die Nornen und andere Weltweise haben nichts mehr zu melden.

(Die drei Nornen.)
Zu End' ewiges Wissen![46]
Der Welt melden Weise nichts mehr.[47]

(Im Wechsel.)
Hinab! – Zur Mutter! – Hinab!

Die Nornen verschwinden. Zunehmende Morgenröte lässt den Feuerschein in der Tiefe verblassen.

---

[45] Siehe *Siegfried* Tz 1773–1775.

[46] Diese Formel ist ein Paradoxon, es sei denn, man deutet sie dahin, dass der Seilriss nur das Ende der – im Ring oft als *Ewige* bezeichneten – Götter und deren Wissen ankündigt.

[47] Siehe *Siegfried* Tz 1374f.

> *The only way the pitfall of one-sidedness can be avoided is to approach the work from the all embracing standpoint of 'the purely human'.*[48]

Zweite Szene

Gleicher Ort am hellen Tag: Siegfried und Brünnhilde treten aus ihrem Steingemach. Seit der ersten Begegnung war dem jungen Paar nur eine Nacht vergönnt.[49] Siegfried *ist in vollen Waffen* und will *zu neuen Taten* aufbrechen. Brünnhilde führt ihr Pferd Grane am Zügel und will Siegfried aus liebevoller Nachsicht ziehen lassen. Nicht der überfrühe Aufbruch des Geliebten, die eigene Disposition bereitet Brünnhilde Sorge. Der Anlass ihrer Sorge mag an dieser Stelle nebensächlich oder gar irritierend wirken. Im dramaturgischen Konzept der *Götterdämmerung* kommt diesem Punkt allerdings zentrale Bedeutung zu. Brünnhilde hat Siegfried in der vergangenen Nacht ihr göttliches Wissen (ihrer *heiliger Runen reichen Hort*)[50] anvertraut. Anders als das irdischer pädagogischer Erfahrung entspricht, hat Brünnhilde durch diesen Unterricht und – was eher irdischer Erfahrung entspricht – auch durch ihre Liebe zu Siegfried[51] ihr göttliches Wissen eingebüßt.[52] Brünnhilde ist, wie sie gleich konstatieren wird, nichts geblieben als ihre Liebe zu Siegfried.[53] Für das Verständnis von Brünnhildes exponierter Rolle in der *Götterdämmerung* von entscheidender Bedeutung sind die Folgen dieser Wissenseinbuße. Brünnhilde sind die Ideen und Zusammenhänge entfallen, die in der *Walküre* ihr Denken und Handeln noch entscheidend prägten: der auf dem Ring lastende Fluch und ihr Plan, den Ring mit Siegfrieds Beistand erlösend in den Rhein zurückzugeben.[54] Erst dieser „Brain-Drain“ und die Ver-

---

48 Deryck Cooke, *The World End*, S. 33.

49 Siehe dazu Tz 1–4 und die Anmerkungen in Fußnote 2.

50 Siehe dazu *Siegfried* Tz 1340–1344 sowie Tz 1676–1678 und 1742f.

51 Siehe *Siegfried* Tz 1742f. und *Götterdämmerung* Tz 95f.

52 Siehe dazu Tz 469f.: Brünnhilde: *Der Götter heiligem Himmelsnebel bin ich Törin enttaucht; nicht fass' ich, was ich erfahre.*

53 Ebenso: Carl-Heinz Mann, *Gerechtigkeit für Wotan*, S. 65.

54 Zu diesem Plan siehe *Walküre* Tz 1374–1418. Dass Brünnhilde diesen Plan völlig vergessen und nicht nur zugunsten von Siegfrieds Liebe zurückgestellt hat, ist später an ihrer Reaktion auf Waltrautes Bitte abzulesen, den Ring in den Rhein zurückzugeben; siehe Tz 469–505.

wandlung der Ex-Göttin in einen in Reinform liebenden Menschen erklären, warum Brünnhilde gleich nicht zögern wird, sich den fluchbeladenen Ring *voll Entzücken* anzustecken.[55] Ebenso erklärt das, warum Brünnhilde ihrer Schwester Waltraute nachher abschlagen wird, den Ring in den Rhein zu werfen[56] und warum Brünnhilde im zweiten Aufzug feststellen wird, dass sie nicht in der Lage ist, das von Hagen gestiftete *Wirrsal* zu enträtseln.[57] Die hilflose Verzweiflung, in die Brünnhilde in liebender Ratlosigkeit abgleiten wird, wird ihren blindwütigen Hass gegen Siegfried speisen – und ihren tödlicher Verrat an ihm.[58] Folgerichtig wird Wagner den furiosen Hass der Betrogenen reifer Gelassenheit weichen lassen, sobald Brünnhilde im Finale der *Götterdämmerung* durch Siegfrieds Tod – so die im Ringtext leider nur angedeutete Überlieferung in Wagners nordischen Quelltexten – ihr göttliches Vielwissen auf telepathischem Weg zurückgewonnen hat.[59]

(Brünnhilde.)
Zu neuen Taten, teurer Helde,
wie liebt' ich dich, ließ' ich dich nicht?

---

[55] Siehe Tz 116–121.

[56] Siehe Tz 469–505.

[57] Siehe Tz 910–920.

[58] Siehe Tz 981–985.

[59] Siehe Tz 1380–1384. In diesem doppelten Wissenstransfer eine eigenständig sinnhafte Aussage zu entdecken, fällt schwer. Einen Sinn ergibt dieses Hin und Her nur, wenn man die Dramaturgie der *Götterdämmerung* als Ganzes in den Blick nimmt: Brünnhildes Verrat an Siegfried und ihr Pakt mit Hagen setzen voraus, dass die Ex-Göttin Hagens Intrige nicht enträtseln kann. Darum steht dem Textdichter Brünnhildes göttliches Vielwissen im zweiten Aufzug der *Götterdämmerung* im Weg, während der finale Abgesang der geläuterten Verräterin deren Verständnis aller Verwicklungen und Intrigen Hagens voraussetzt. Um zunächst Brünnhildes rasende Verzweiflung und später ihren abgeklärten Schlussgesang schlüssig präsentieren zu können, „parkt" Wagner Brünnhildes göttliches Vielwissen im Vorspiel der *Götterdämmerung* bei Siegfried, der damit, wie dieser immerhin ahnt (siehe Tz 99f.; spöttisch dazu die Rheintöchter in Tz 1120–1126), zum eigenen Nachteil und zum Vorteil der Dramaturgie der *Götterdämmerung* nichts Brauchbares anfangen kann. Der doppelte Wissenstransfer ist darum nur ein Kunstgriff, der ohne eigenständige inhaltliche Bedeutung (es sei denn, man möchte die banale Botschaft hineinlesen, dass Liebe blind machen kann) durch eine vollständige Menschwerdung Brünnhildes die Kraftentfaltung des Götterdämmerungsdramas überhaupt erst ermöglicht.

Ein einzig Sorgen lässt mich säumen,
dass dir zu wenig mein Wert gewann.

Was Götter mich wiesen,
gab' ich dir: heiliger Runen reichen Hort;
doch meiner Stärke magdlichen Stamm nahm mir der Held,
dem ich nun mich neige.

Des Wissens bar, doch des Wunsches voll,
an Liebe reich, doch ledig der Kraft,
mög'st du die Arme nicht verachten,
die dir nur gönnen, nicht geben mehr kann.

Siegfried dankt Brünnhilde. Er fühlt sich überreich von ihr beschenkt. Treffend die eigenen Grenzen ahnend, fürchtet Siegfried, dass Brünnhildes kluger Rat und Unterricht bei ihm nicht auf fruchtbaren Boden fielen. Nur eins will er gelernt haben: liebevoll an Brünnhilde zu denken.

(Siegfried.)
Mehr gabst du, Wunderfrau, als ich zu wahren weiß.
Nicht zürne, wenn dein Lehren mich unbelehret ließ!
Ein Wissen doch wahr' ich wohl – dass mir Brünnhilde lebt;
eine Lehre lernt' ich leicht – Brünnhildes zu gedenken!

Brünnhilde wehrt Siegfrieds überschwänglichen Dank ab. In seiner Liebe solle Siegfried an erster Stelle an sich selbst und an seine Heldentaten denken. Dieser Wunsch ist ein indirekter Rückgriff auf das Finale des *Siegfried*. Wie Brünnhilde dort erklärte, galt ihre Passion für Siegfried ursprünglich weniger dem damals noch ungeborenen Kind als der nicht an eine bestimmte Person gebundenen Hoffnung auf einen tauglichen Erlöser der Welt vom Ringfluch.[60] Dieser Ursprung ihrer Passion für „das Konzept Siegfried" mag die verquer wirkende Reihenfolge der Gefühle erklären, die Brünnhilde dem Abreisenden nahelegt.

(Brünnhilde.)
Willst du mir Minne schenken,
gedenke deiner nur, gedenke deiner Taten:
gedenk' des wilden Feuers,
das furchtlos du durchschrittest, da den Fels es rings umbrann –

---

[60] Siehe *Siegfried* Tz 1606–1610, 1618–1626.

(Siegfried.)
Brünnhilde zu gewinnen!

(Brünnhilde.)
Gedenk' der beschildeten Frau,
die in tiefem Schlaf du fandest,
der den festen Helm du erbrachst –

(Siegfried.)
Brünnhilde zu erwecken!

(Brünnhilde.)
Gedenk' der Eide, die uns einen;
gedenk' der Treue, die wir tragen;
gedenk' der Liebe, der wir leben:
Brünnhilde brennt dann ewig heilig dir in der Brust.
(Sie umarmt Siegfried.)

Bis hierhin verläuft die Abschiedsszene zeitbezogen reichlich unspektakulär. Nun aber stellt Siegfried mit einer uns vertrauten Geste den ganzen bisherigen Handlungsverlauf der Tetralogie auf den Kopf: Siegfried zieht den Ring vom Finger und reicht ihn Brünnhilde als Dank für ihren klugen Rat (*zum Tausche deiner Runen*) sowie als Zeichen (*Weihe-Gruß*) seiner Treue. Mit diesem unschuldigen Handgriff verwandelt Siegfried für sich und Brünnhilde das bisherige Sinnbild des absolut Bösen unreflektiert in ein Symbol der Liebe. Das zeitigt wenig später tragische Folgen. Dass sich Brünnhilde in der dritten Szene des ersten Aufzuges gegenüber der Bitte ihrer Schwester Waltraute weigern wird, den Ring in den Rhein zurückzugeben, ist eine unmittelbare Folge der liebesmotivierten Ringschenkung Siegfrieds.[61] So deutet sich im Vorspiel der *Götterdämmerung* an, dass Wotans Rettungsplänen einmal mehr die Kräfte irdischer Liebe in die Quere kommen werden.[62]

(Siegfried.)
Lass' ich, Liebste, dich hier in der Lohe heiliger Hut,
zum Tausche deiner Runen reich' ich dir diesen Ring.

---

61 Siehe Tz 479–501.

62 Im ersten und im zweiten Aufzug der *Walküre* durchkreuzten zunächst die Zwillingsliebe und später dann auch Brünnhildes „Liebe" zu Siegmund Wotans Hoffnung, das himmlische Establishment vor dem Untergang bewahren zu können.

Was der Taten je ich schuf, dess' Tugend schließt er ein.
Ich erschlug einen wilden Wurm, der grimmig lang ihn bewacht:
nun wahre du seine Kraft, als Weihegruß meiner Treu'!

Brünnhilde *steckt sich den Ring voll Entzücken an.*[63] Arglos und in materieller Hinsicht so anspruchslos wie Siegfried erklärt sie den Ring zum einzigen Gut, das ihr etwas bedeute. Ebenso vordergründig erwidert sie die Schenkung mit ihrem bis dahin liebsten Besitz – ihrem Pferd Grane.[64] Seit ihrer Verbannung aus Walhall könne Grane zwar nicht mehr durch die Lüfte brausen, bleibe aber ein ungewöhnlich edles und verständiges Pferd, versichert sie dem Beschenkten.

(Brünnhilde.)
Ihn – geiz' ich als einziges Gut![65]
Für den Ring nimm nun auch mein Ross!

Ging sein Lauf mit mir einst kühn durch die Lüfte,
mit mir verlor es die mächt'ge Art;
über Wolken hin auf blitzenden Wettern
nicht mehr schwingt es sich mutig des Weg's;
doch wohin du ihn führst,
sei es durchs Feuer, grauenlos folgt dir Grane:
denn dir, o Helde, soll er gehorchen.

Du hüt' ihn wohl; er hört dein Wort:
o bringe Grane oft Brünnhildes Gruß!

So ausgestattet empfindet sich Siegfried als Brünnhildes verlängerten Arm.[66]

---

[63] Wagners Regieanweisung (*voll Entzücken*) lässt darauf schließen, dass Brünnhilde mit dem Verlust ihres göttlichen Vielwissens insbesondere auch ihr Wissen um die unheilvolle Verstrickung des Rings eingebüßt hat. Andernfalls würde man erwarten, dass sie Siegfried vor dem Ringfluch warnt und ihm rät, den Ring in den Rhein zurückzugeben, statt sich den Ring *voll Entzücken* anzustecken.

[64] Nach Volker Mertens, *Der Ring,* S. 122 soll Brünnhilde damit ihre alte Identität an Siegfried verschenken.

[65] Neben dir ist mir nur der Ring auf Erden etwas wert.

[66] In der *Walküre* empfand sich Brünnhilde als Wotans Wille; siehe dort Tz 575f. und 1293–1313. Nun empfindet sich Siegfried als der Vollstrecker von Brünnhildes Willen.

(Siegfried.)
Durch deine Tugend allein soll so ich Taten noch wirken?
Meine Kämpfe kiesest du, meine Siege kehren zu dir:
auf deines Rosses Rücken, in deines Schildes Schirm,
nicht Siegfried acht' ich mich mehr: ich bin nur Brünnhildes Arm.

In zeitgemäßem Überschwang verabschieden sich die Liebenden voneinander.

(Brünnhilde.)
O wäre Brünnhild' deine Seele!

(Siegfried.)
Durch sie entbrennt mir der Mut.

(Brünnhilde.)
So wärst du Siegfried und Brünnhild'?

(Siegfried.)
Wo ich bin, bergen sich beide.

(Brünnhilde.)
So verödet mein Felsensaal?

(Siegfried.)
Vereint fasst er uns zwei!

(Brünnhilde, in großer Ergriffenheit.)
Oh, heilige Götter! Hehre Geschlechter!
Weidet eu'r Aug' an dem weihvollen Paar.
Getrennt – wer will uns scheiden?
Geschieden – trennt es sich nie!

(Siegfried.)
Heil dir, Brünnhilde, prangender Stern!

(Brünnhilde.)
Heil dir, Siegfried, siegendes Licht![67]

(Siegfried.)
Heil, strahlende Liebe!

---

[67] Siehe *Walküre* Tz 1155.

(Brünnhilde.)
Heil, strahlendes Leben!

(Siegfried.)
150 *Heil, strahlender Stern!*

(Brünnhilde.)
Heil, siegendes Licht!

(Brünnhilde.)
Heil, Brünnhild'!

(Beide.)
Heil! Heil! Heil! Heil!

Siegfried führt Grane schnell den Felsen hinab. Brünnhilde blickt ihm lange *entzückt* nach. Aus der Tiefe *hört man Siegfrieds Horn munter ertönen*. Brünnhilde lauscht und tritt an die Felskante. Als sie Siegfried in der Tiefe erblickt, winkt sie ihm *mit entzückter Gebärde* zu. *Aus ihrem freudigen Lächeln* soll *sich der Anblick des lustig davonziehenden Helden andeuten*. Der Vorhang fällt.

Das Orchester nimmt Siegfrieds Hornweise auf und führt sie in einem kräftigen Orchestersatz – *Siegfrieds Rheinfahrt* – aus. Dieser Orchestersatz markiert den Wechsel zwischen zwei Welten. Der naive Ringschenker verlässt das von Zwergen, Drachen, Riesen und Göttern bevölkerte Reich der Mythologie und begibt sich in die Sphäre einer zwar hoch kultivierten, aber von *schmutzigen Rivalitäten* erfüllten menschlichen Gesellschaft.[68] Wie lange Siegfried auf dem Rhein unterwegs sein wird, bis er am Fürstenhof der Gibichungen[69] eintrifft, erfahren wir nicht. Einiges spricht dafür, dass die Flussreise nur einige Tage dauert.[70]

---

68 Pierre Boulez in: Boulez/Chéreau, *Der Ring 1976–1980*, S. 33; Heinrich Porges, *Bühnenproben*, Götterdämmerung, S. 5.

69 Fürstengeschlecht am Rhein; der Sage nach war der Stammvater des Geschlechts „Gibica" im vierten Jahrhundert der König der Burgunden am Rhein. Im *Nibelungenlied*, wo er Dankrat / Dankrad / Tankred genannt wird, ist Gunther (Gunnar / Gundahar) einer der Königssöhne.

70 Auf seiner Rheinfahrt muss Siegfried *weit am Rhein* (siehe Tz 244) von Gunthers Ruhm gehört haben. Andererseits war Siegfried nur so kurz unterwegs, dass Gunther und Gutrune von dem gerühmten Drachentöter noch nichts vernommen haben; siehe Tz 177 und 182f.

Erster Aufzug

(Die Halle der Gibichungen am Rhein)

Der ‚Ring' mit all seinen Göttern und Riesen und Zwergen, mit den Wasserjungfrauen und Walküren, der Tarnkappe, dem magischen Ring, dem verzauberten Schwert und dem wunderbaren Schatz ist ein Drama der Gegenwart und nicht eines aus ferner und sagenhafter Vorzeit.[71]

Erste Szene

Wenn sich während der vier letzten Takte von *Siegfrieds Rheinfahrt* der Vorhang wieder öffnet, sehen wir die Halle der Gibichungen, eines stolzen Herrschergeschlechtes am Rhein. Die Halle öffnet sich im Hintergrund zum Fluss zu einem von felsigen Anhöhen umgrenzten Uferraum. König Gunther und dessen Schwester Gutrune thronen seitlich auf einem *Hochsitze*, vor dem ein *Tisch mit Trinkgerät* stehen soll. Der Halbbruder des königlichen Geschwisterpaares, Alberichs Sohn Hagen, sitzt am Tisch. Dank Hagens klugem Rat und dem reichhaltigen Erbe seines Vaters hat Gunther im Leben mehr erreicht, als seinen eigenen Talenten entspricht.[72] In *fragender Selbstpreisung*[73] sucht er Hagens Bestätigung seines Wohlergehens.

(Gunther.)
Nun hör', Hagen; sage mir, Held:
sitz' ich herrlich am Rhein, Gunther zu Gibich's Ruhm?

Hagens freundlich klingende Antwort ist vergiftet. Er gibt vor, darauf zu *achten*, Gunther zu beneiden. Dies und vor allem Hagens erläuternder Zusatz, so zu denken, habe ihn die gemeinsame Mutter gelehrt, spricht für Heuchelei.[74] Auch der Titel, den Hagen dem Frager verleiht (dich *echt Genannten*), klingt nicht nach aufrichti-

---

71 Bernard Shaw, *Wagner-Brevier*, S. 21.

72 Torsten Meiwald, *Randbemerkungen*, S. 62 bezeichnet ihn als *unfähigen Schwächling*.

73 So treffend: Peter Wapnewski, *Der Ring*, S. 247.

74 Ohne den betreffenden Hinweis der Mutter wäre Hagen wohl nicht auf diese Idee gekommen.

ger Bewunderung. Ein Teil der kaum verhüllten Herablassung dürfte den gesellschaftlichen Vorteilen gelten, die Gunther dem weit begabteren Halbbruder dank seiner ehelichen Erstgeburt voraushat.

(Hagen.)
Dich ächt Genannten[75] *acht' ich zu neiden;*
die beid' uns Brüder gebar, Frau Grimhild' ließ mich's begreifen.

Gunther entgeht die herablassende Distanzierung. Treuherzig preist er Hagens Klugheit, der er nur den selbstempfundenen Vorzug seiner Erstgeburt entgegenzusetzen weiß. Schon hier deutet sich an: Gunther tut gerne, was andere von ihm erwarten und was Hagen ihm rät. Unterwürfig schickt er einem Kompliment an die Adresse des Halbbruders eine Bemerkung hinterher, die vorbeugend eine Entschuldigung für eine denkbare Fehlinterpretation seiner einleitenden Frage enthält – eine Fehlinterpretation, auf die man ohne die voreilige Entschuldigung schwerlich käme: wenn er (Gunther) ihn (Hagen) nach seinem Ruhm frage, sei das allein ein Lob für Hagens klugen Rat – und keine Rüge für unvollkommenen Rat.

(Gunther.)
Dich neide ich; nicht neide mich du.
Erbt' ich Erstlings-Art, Weisheit ward dir allein:
Halbbrüderzwist bezwang sich nie besser.
Deinem Rat nur red' ich Lob, frag' ich dich nach meinem Ruhm.

Hagen kann Gunthers Selbstgefälligkeit nur schwer ertragen, aber gut gebrauchen. Ihn drängt ein väterlicher Auftrag. Alberich hat ihm eine Aufgabe übertragen, vor der dieser kapituliert. Hagen soll den Ring zurückgewinnen, den Alberich vor vierzig Jahren durch den göttlichen Raubüberfall in Nibelheim verlor.[76] Zur Lösung dieser Aufgabe hat Hagen einen verwickelten Plan entwickelt. Aus unbekannter Quelle weiß Hagen von Siegfrieds jüngster Ringschenkung an Brünnhilde und von Siegfrieds brautloser Rheinfahrt. Da Brünnhilde den begehrten Ring trägt, will Hagen die Ringträgerin nach Gibichungen lotsen. Das kann, worüber sich Hagen im Klaren ist, nur mit Siegfrieds Unterstützung gelingen. Denn allein

---

[75] Gunther ist anders als Hagen ein legitimer Sohn Grimhilds; nur Gunther *gilt* – sich selbst und wohl auch anderen am Hof der Gibichungen – wegen seiner ehelichen Abstammung als *echt*; näher dazu: Torsten Meiwald, *Randbemerkungen*, S. 62f.

[76] Siehe *Rheingold* Tz 560–573, 765–928.

Siegfried kann das Feuer auf dem Walkürenfelsen überwinden und Brünnhilde erreichen. Um Siegfried zur Mitwirkung an diesem Plan zu bewegen, will Hagen ihn mit Gutrune ködern. Dazu muss Siegfried jede Erinnerung an Brünnhilde verlieren. Und Gutrune muss glauben, dass Siegfried noch unverheiratet sei. Auch Gunther hat in Hagens Plan einen Platz als Lockvogel. Damit Siegfried Brünnhilde als Braut für Gunther vom Walkürenfelsen nach Gibichungen holt, muss Gunther glauben, dass Brünnhilde für ihn die richtige Frau und (ebenso wie vermeintlich Siegfried) noch unverheiratet sei. Um diesen komplizierten Plan in Gang zu setzen, muss zunächst Gunther aus seiner stabilen Selbstzufriedenheit gelöst werden. Das ist der Grund, warum Hagen unvermittelt die bis dahin entweder allseits akzeptierte oder einverständlich beschwiegene Ehelosigkeit seiner Halbgeschwister thematisiert. Damit seine Kritik das für seinen Plan auch zukünftig unentbehrliche Einvernehmen mit seinem empfindsamen Halbbruder nicht belastet, leitet Hagen den pikanten Vorhalt mit einer selbstkritischen Bemerkung ein, die elegant an Gunthers plumpes Eingangskompliment anknüpft: wenn Gunthers Ruhm auf seinem (Hagens) Rat beruhe, so erklärt Hagen, sei dieser (Hagens eigener) Rat schlecht.

(Hagen.)
So schelt' ich den Rat,[77] *da schlecht noch dein Ruhm:*
denn hohe Güter weiß ich, die der Gibichung noch nicht gewann.

Wie erhofft weckt dieser nebulöse Hinweis Gunthers eitle Neugier. Auf der Stelle will er wissen, welche hohen Güter – die er, wenn er so fragt, bis dahin nicht sonderlich vermisst haben kann – ihm zur Vervollständigung seines Ruhms denn noch fehlen.

(Gunther.)
Verschwiegst du sie[78]*, so schelt' auch ich.*

Schritt für Schritt wird Hagen konkreter. Bevor er die Halbgeschwister in den Teil seines Plans einweiht, der für deren Ohren bestimmt ist, beschreibt er beiden das bis dahin von keinem so empfundene Problem: Gunther und Gutrune fehlen Ehegatten. Mit der *sommerlich reifen Stärke*, die Hagen seinen Halbgeschwistern

---

[77] So kritisiere ich diesen Rat.
[78] Die fehlenden *hohen Güter*.

attestiert, dürfte gemeint sein, dass der Herbst nicht mehr allzu lange auf sich warten lässt.[79]

(Hagen.)
In sommerlich reifer Stärke seh' ich Gibich's Stamm,
dich, Gunther, unbeweibt,
dich, Gutrun', ohne Mann.

Da er aus guter Erfahrung gerne tut, was Hagen ihm rät, will Gunther, der sich – wohl auf gedanklich erfolgloser Suche nach einer geeigneten Kandidatin – kurz *in schweigendem Sinnen verliert*, wissen, wen Hagen denn als ruhmfördernde Heiratskandidatin empfiehlt.

(Gunther.)
Wen rät'st du nun zu frei'n, dass uns'rem Ruhm es fromm'?

Auf diese Frage ist Hagen bestens vorbereitet. Mit den ihm bis auf die letzte Silbe geläufigen Worten des Waldvogels[80] und im Orchester vielsagend begleitet von Anklängen an den Ritt der Walküren, preist er Brünnhilde als passende Braut für Gunther an.

(Hagen.)
Ein Weib weiß ich,
das herrlichste der Welt:

---

[79] Das ist eine gezielte Nachbesserung des Textdichters. Im großen *Prosaentwurf Siegfrieds Tod* (1848) attestierte Hagen seinen Halbgeschwistern noch rückhaltlos *sommerliche Blüthe*.

[80] Siehe *Siegfried* Tz 1265–1270. Bei näherem Textstudium fällt auf, dass insbesondere die beiden Nibelungen (Alberich und Mime) sowie Alberichs Sohn Hagen bei verschiedenen Gelegenheiten Dinge wissen, die sie kaum aus eigener Anschauung erfahren haben können, z.B. Alberichs Kenntnis der Bauanleitung für den Tarnhelm im *Rheingold* (dort Tz 578–580 und 774–779), Mimes Wissen um die Schlüsselfunktion Nothungs und um Wotans Lieblingsgeschlecht sowie den familiären Spitznamen Wotans *Wälse* (*Siegfried* Tz 17–19, 395–397 und 419–421), Alberichs Wissen um die baldige Ankunft des Drachentöters (*Siegfried* Tz 766f.), Hagens Kenntnis der Ringschenkung Siegfrieds an Brünnhilde und seine zitatreife Wiedergabe der Worte des Waldvogels gegenüber Siegfried (*Götterdämmerung* Tz 169–174, 199f.). Was wie unbedachte Flüchtigkeit des Textdichters wirken mag, ist ein gelungener Kunstgriff. Auf solche Weise vermittelt Wagner ohne besondere Worte den Eindruck, dass das Bühnengeschehen nur der Ausschnitt eines Mythos ist, der nicht in seiner Gesamtheit auf eine Bühne passt.

auf Felsen hoch ihr Sitz;
ein Feuer umbrennt ihren Saal:
nur wer durch das Feuer bricht,
darf Brünnhildes Freier sein.

Gunther war entweder nie oder ist in seiner *sommerlich reifen Stärke* nicht mehr der tapferste Held. Mehr als die von Hagen nicht näher beschriebenen Qualitäten der Braut interessiert ihn die Qualität der auf dem Weg zur gepriesenen Braut offenbar zu bestehenden Feuerprobe. Seine Neugier drängt Gunther so sehr, dass er Hagen laut Partitur um einen Sechzehntel-Taktschlag ins Wort fällt.

(Gunther.)
Vermag das mein Mut zu besteh'n?

Nun bringt Hagen Siegfried ins Spiel. Hagen weiß, dass übertriebener Mut auf dem Walkürenfelsen nichts nützt. Um die empfindsame Eitelkeit des Halbbruders zu schonen, mischt Hagen eine entmutigende Absage geschickt mit einem angedeuteten Kompliment an den Halbbruder, der sich gerne (auch) zu den Starken zählt, der anstehenden Aufgabe aber eindeutig nicht gewachsen wäre. Erfolgreich nährt die nebulöse Antwort Gunthers Neugier, der in seiner Rückfrage den von Hagen so bezeichneten *Stärkeren* zur Schonung des eigenen Egos unbesehen zum stärksten (*streitlichsten*) aller Männer aufwertet.

(Hagen.)
Einem Stärk'ren noch ist's nur bestimmt.

(Gunther.)
Wer ist der streitlichste Mann?

Wie wir gleich hören werden, weiß Hagen über Siegfried mehr als dieser über sich selbst. Das überrascht nicht, wenn man bedenkt, was Hagen über Siegfried und Brünnhilde im Detail wissen musste, um seinen doppelten Heiratsplan zu entwerfen. Wüsste Hagen etwa nicht, dass Siegfried den Ring unter vier Augen an Brünnhilde verschenkte, wäre der ganze Plan überflüssig. Dann würde es genügen, Siegfried mit dem Ring nach Gibichungen zu lotsen.[81]

---

[81] Diese Kontrollüberlegung ist zugegeben nur schlüssig, wenn Hagen ohne (Kenntnis von) Siegfrieds Ringschenkung davon hätte ausgehen dürfen, dass er Siegfried mit Unterstützung seiner Mannen den Ring hätte abnehmen können, ohne Brünnhilde auszuhorchen, wie Siegfried

(Hagen.)
Siegfried, der Wälsungen Spross, der ist der stärkste Held.
Ein Zwillingspaar, von Liebe bezwungen,
Siegmund und Sieglinde, zeugten den ächtesten[82] *Sohn.*
Der im Walde mächtig erwuchs, den wünsch' ich Gutrun' zum Mann.

Siegfried und dessen berühmter Drachenkampf sind Gunther und Gutrune unbekannt. Gilt ihr Interesse mehr dem Getränkewagen vor ihrem Thron als dem Weltgeschehen? So wirkt es. Für Hagen gilt das nicht. Die Frage seiner Halbgeschwister nach dem Grund für Siegfrieds Ruhm bringt ihn nicht in Verlegenheit, wobei die Quelle für Hagens Detailkenntnis diesmal naheliegt. Sein Vater Alberich hat den Drachenkampf aus nächster Nähe beobachtet.[83] Gunther hat zwar vom Nibelungenhort gehört, weiß aber nur so ungefähr, was es damit auf sich hat.[84]

(Gutrune.)
Welche Tat schuf er so tapfer,
dass als herrlichster Held er genannt?

---

getötet werden kann. Dafür, dass Hagen dies vorab (irrtümlich!) für möglich hielt, spricht sein Dialog mit Brünnhilde in der vierten Szene des zweiten Aufzugs (Tz 935–949). Hagen teilt dort zwar mit, er wisse, wie schwer Siegfried zu besiegen sei. Das aber bedeutet, dass er Siegfried keineswegs für unbesiegbar hält. Von Brünnhildes Zauberschutz für Siegfried erfährt Hagen, wie seine ratlose Gegenfrage in Tz 943 verrät, erst im vertraulichen Zwiegespräch mit Brünnhilde. Bis zu diesem Gespräch ging Hagen offenbar davon aus, Siegfried sei zwar schwer zu besiegen, nicht aber unbesiegbar. Brünnhildes Aufklärung über ihren Zauberschutz für Siegfried und darüber, an welcher Stelle dieser Schutz eine Lücke aufweist, verändert die Ausgangslage für Hagen daher nur insoweit, als Hagen nun weiß, dass er Siegfried einzig im Rücken tödlich treffen kann. Anlass für die Entwicklung seines verwickelten Doppel-Hochzeitsplans hatte Hagen daher nur, weil er von Siegfrieds Ringschenkung an Brünnhilde und außerdem wusste, dass einzig und allein Siegfried den Feuerwall um den Walkürenfelsen überwinden kann.

[82] Dass ausgerechnet Hagen den von Zwillingen inzestuös gezeugten Siegfried (wenngleich vielleicht nur ironisch) *echtesten Sohn* nennt, verbindet die mythologische Vorstellung einer besonders reinen Qualität einer solchen Abstammung uno actu mit Kritik des (insoweit persönlich betroffenen) Textautors an der aristokratischen und bürgerlichen Vorstellung, dass nur eheliche Kinder *echt* seien, siehe Tz 156.

[83] Siehe *Siegfried* Regieanweisung nach Tz 882.

[84] Wie Wotan im *Rheingold*, siehe dort Tz 464–466.

(Hagen.)
Vor Neidhöhle[85] *den Niblungenhort bewachte ein riesiger Wurm:*
Siegfried schloss ihm den freislichen[86] *Schlund,*
erschlug ihn mit siegendem Schwert.
Solch' ungeheurer Tat enttagte[87] *des Helden Ruhm.*

(Gunther.)
Vom Niblungenhort vernahm ich:
er birgt den neidlichsten Schatz?

Hagen beschreibt seinen Halbgeschwistern allein die Qualität des Nibelungenschatzes, auf die es ihm ankommt: dem wissenden Besitzer (des Rings) Weltherrschaft zu verleihen. Dabei fällt auf, dass Hagen nicht zwischen dem Ring an Brünnhildes Hand, dem Tarnhelm an Siegfrieds Gürtel und dem ihm völlig gleichgültigen Goldschatz in der verwaisten Drachenhöhle unterscheidet. Das mag mehrere Gründe haben. Zunächst mag Hagen vermuten, dass seine vom Leben verwöhnten Zuhörer an solchen Details nicht interessiert sind. Ebenfalls mag Hagen bedacht haben, dass allzu demonstratives Detailwissen Misstrauen wecken könnte. Für dieses Kalkül spricht, dass Hagens Plan überhaupt auf einer klug bedachten Dosierung von Informationen beruht. Schließlich fällt auf, dass Hagen die Vorzüge des Nibelungenhortes im Konjunktiv benennt. Auch das dürfte kein Zufall sein. So deutet Hagen an, dass Siegfried den Ring zwar besitzt, beziehungsweise bis zu seiner Schenkung an Brünnhilde besaß, aber nicht nutzt(e) – obwohl Siegfried die magische Kraft des Rings kennt.[88]

(Hagen.)
Wer wohl ihn zu nützen wüsst',
dem neigte sich wahrlich die Welt.

Hagens bejahende Antwort auf Gunthers von mangelndem Detailwissen zeugende Nachfrage, ob Siegfried den *Nibelungenhort* eroberte,

(Gunther.)
Und Siegfried – hat ihn erkämpft?

---

[85] Siehe *Siegfried* Tz 542–549, 758 und 771.

[86] Schrecklichen.

[87] Offenbarte / löste aus.

[88] Siehe Tz 1111 und *Siegfried* Tz 1072.

(Hagen.)
Knecht sind die Niblungen ihm.

wird unter Ring-Kennern lebhaft diskutiert, weil Siegfried in der finalen Fassung der Tetralogie – anders als im Nibelungenlied – niemals Kontakt mit den Nibelungen hat. Manche Autoren[89] beklagen insoweit ein Redaktionsversehen Wagners, der hier unbedacht eine entsprechende Textstelle aus dem Nibelungenlied[90] übernommen bzw. versäumt habe, die betreffende Textstelle dem finalen Handlungsverlauf der Tetralogie anzupassen. Abgesehen davon, dass im Sinne dieser Kritik vorrangig der Frage nachzugehen wäre, ob der besagte Irrtum entweder bei Hagen oder bei Wagner liegt, drängt sich die Frage auf, welches Gewicht einem entsprechenden Redaktionsversehen des Textdichters zukäme. Zudem weist Meiwald mit beachtlichen Gründen darauf hin, dass Siegfried nach Wagners Konzept den Nibelungen seinen Willen mithilfe des Rings durchaus auch aus der Ferne aufzwingen könnte.[91] – Weitere Fragen zum Ring stellt Gunther nicht. Das passt zu ihm. Gunther ist zwar eitel und charakterschwach, aber weder überdurchschnittlich habgierig noch machtversessen. Mehr als Macht oder Reichtum interessiert ihn, wie die prestigeträchtige Braut denn gewonnen werden kann. Was Hagen dazu bislang andeutete, klang in Gunthers Ohren nicht ermutigend. Ihm scheint, dass die gepriesene Braut Siegfried vorbehalten ist.

(Gunther.)
Und Brünnhild' gewänne nur er?

Als Hagen das bejaht, reagiert Gunther untypisch ärgerlich. Er erhebt sich und will vorwurfsvoll wissen, warum Hagen ihm eine Braut empfiehlt, die er nicht erreichen kann.

(Hagen.)
Keinem and'ren wiche die Brunst.

---

[89] So Peter Wapnewski, *Der Ring*, S. 249 sowie Ernest Newman, *Wagner Operas*, S. 598.

[90] Siehe dort die Strophe Nr. 95: *Damit war Siegfried Herr über die Nibelungen,* sowie die Strophe Nr. 718: *Das Land der Nibelungen war Siegfried untertan.*

[91] Torsten Meiwald, *Randbemerkungen*, S. 33f.

(Gunther.)
Was weck'st du Zweifel und Zwist?
Was ich nicht zwingen soll,
danach zu verlangen, machst du mir Lust?

Unmutig bewegt schreitet Gunther in der Halle auf und ab. Hagens verblüffende Antwort zeigt, dass er seinen Plan zu Ende gedacht haben muss, bevor sich der Vorhang zum ersten Aufzug der *Götterdämmerung* öffnet. Die Brautwerbung, die über Gunthers Kräfte geht, soll Siegfried dem schwächlichen Halbbruder abnehmen.

(Hagen.)
Brächte Siegfried die Braut dir heim,
wär' dann nicht Brünnhilde dein?

Ein wesentliches Detail verschweigt Hagen wohlweislich: die in den höchsten Tönen angepriesene Braut hat einen entscheidenden Makel: sie ist schon verheiratet – mit Siegfried, dem vorgeschlagenen Brautwerber. Auch ohne dieses Ehehindernis zu kennen oder auch nur zu ahnen, kann der im Kern ebenso redliche wie phantasielose Gunther mit Hagens bislang nur in Umrissen beschriebenem Vorschlag noch nichts anfangen. Warum sollte der herrlichste Held der Welt für ihn den Brautwerber spielen? Unmutig und zweifelnd wendet sich Gunther von seinem Ratgeber ab.

(Gunther.)
Was zwänge den frohen Mann,
für mich die Braut zu frei'n?

Hagens ebenso prägnante wie rätselhafte Antwort

(Hagen.)
Ihn zwänge bald deine Bitte,
bänd' ihn Gutrun' zuvor.

stößt bei seinen beiden Zuhörern auf Unverständnis. Gutrune fühlt sich verspottet. Wie könnte sie den *herrlichsten Helden der Welt* an sich binden? Lebensnah vermutet Gutrune, dass der herrlichste Held längst von attraktiven Frauen umschwärmt wird.[92]

---

[92] Gutrunes Sorge entspricht der betreffenden Passage in der 20. Strophe des *Nibelungenlieds*: *Deshalb fanden ihn später die hübschen Frauen so begehrenswert.*

(Gutrune.)
Du Spötter, böser Hagen!
Wie sollt' ich Siegfried binden?
Ist er der herrlichste Held der Welt,
der Erde holdeste Frauen friedeten längst ihn schon.

Hagen behebt die Ratlosigkeit seiner Halbgeschwister ähnlich beherzt und skrupellos wie Loge die Ratlosigkeit der Götter im *Rheingold. Sich vertraulich zu Gutrune hinneigend* lautet sein Rat: Siegfried wird eine Droge verabreicht, die ihn liebend an Gutrune binden wird und alle etwa früheren Frauenbekanntschaften vergessen lässt. Gekonnt deklariert Hagen die Vergessenheitswirkung der Droge als bloß flankierende Vorsorge, obwohl es ihm gezielt darum geht, Siegfrieds Erinnerung an Brünnhilde zu tilgen. Hagens Plan hat nämlich zwei grundlegende Voraussetzungen: erstens dürfen Gunther und Gutrune nicht wissen, dass Siegfried und Brünnhilde miteinander verheiratet sind; sonst kämen sie nicht als ruhmfördernde Heiratskandidaten in Frage. Und zweitens müssen Brünnhilde und Siegfried schon miteinander genächtigt haben;[93] denn nur so kann sich später der Verdacht ergeben, Siegfried habe die Brautwerbung meineidig missbraucht.

(Hagen, vertraulich zu Gutrune).
Gedenk' des Trankes im Schrein;
vertraue mir, der ihn gewann:
den Helden, dess' du verlangst, bindet er liebend an dich.

(Wieder laut zu beiden).
Träte nun Siegfried ein,
genöss' er des würzigen Tranks,
dass vor dir ein Weib er ersah,
dass je ein Weib ihm genaht, –
vergessen müsst' er dess' ganz.

Nun redet: – wie dünkt euch Hagens Rat?

Wie die Götter im *Rheingold* dem Raubvorschlag Loges stimmen Gunther und Gutrune dem Täuschungsvorschlag Hagens vorbehaltlos zu. Gunther, der bei Hagens Worten wieder an den Tisch getreten ist und aufmerksam zugehört hat, lobt in instinktloser Naivität nicht den Ideengeber, sondern die gemeinsame Mutter. Offenbar ahnt er weder Hagens gestörtes Verhältnis zur gemein-

[93] Siehe Tz 838–842, 910–922, 1251–1258.

samen Mutter noch die verletzenden Spuren, die sein eigener hohler Stolz auf die eheliche Erstgeburt bei Hagen verursacht hat.[94]

(Gunther.)
Gepriesen sei Grimhild', die uns den Bruder gab!

(Gutrune.)
Möcht' ich Siegfried je erseh'n!

Gunthers pragmatische Frage, wo man Siegfried denn antreffen mag,

(Gunther.)
Wie fänden wir ihn[95] *auf?*

beantwortet sich operngerecht von selbst, sobald die Frage ausgesprochen wurde.[96] Hagens vage Zuversicht (oder weiß er auch in dieser Hinsicht mehr, als er sagt?), der rastlos die Welt durchkämmende Held werde eines Tages wohl auch Gibichungen besuchen, die Gunther behutsam im wünschenden Konjunktiv aufnimmt, geht auf der Stelle in Erfüllung.

(Hagen.)
Jagt er auf Taten wonnig umher,
zum engen Tann wird ihm die Welt:
wohl stürmt er in rastloser Jagd
auch zu Gibich's Strand an den Rhein.

(Gunther.)
Willkommen hieß' ich ihn gern.
(Siegfrieds Horn lässt sich aus der Ferne vernehmen.)
Vom Rhein her tönt das Horn.

Hagen tritt ans Flussufer und beschreibt in für ihn untypisch poetischen Worten, wie ein Held, den er, ohne ihn je zuvor gesehen zu

---

[94] Siehe Tz 158f., 375–377, 575–578.

[95] Siegfried.

[96] Freundlich spöttelnd zur *umstandslosen Drastik* dieser parodierenden Koinzidenz: Sieghart Döhring in Udo Bermbach (Hrsg.), *Alles ist nach seiner Art*, S. 166: *„Kaum dass der Esel ward genannt, kommt er auch schon dahergerannt."*

haben, auf Anhieb als Siegfried identifiziert,[97] ein mit einem Pferd beladenes Boot mit lässiger Hand gegen die Strömung treibt.

(Hagen.)
In einem Nachen Held und Ross!
Der bläst so munter das Horn!

Ein gemächlicher Schlag wie von müßiger Hand
treibt jach[98] *den Kahn wider den Strom;*
so rüstiger Kraft in des Ruders Schwung
rühmt sich nur der, der den Wurm erschlug:

Siegfried ist es, sicher kein And'rer!

Siegfried hat kein Auge für Zuschauer am Flussufer. Gunther befürchtet daher nicht grundlos, aber untätig, Siegfried werde vorbeifahren.

(Gunther.)
Jagt er vorbei?

Statt die nutzlose Frage zu beantworten, ruft Hagen mit hohlen Händen über den Fluss.

(Hagen.)
Hoiho!
Wohin, du heit'rer Held?

Wie der Zufall die Dinge auf Bühnen mitunter fügt, ist Siegfried zu Gunther unterwegs.

(Siegfried Stimme aus der Ferne.)
Zu Gibich's starkem Sohne.

Mit freundlichen Worten, die das Orchester mit dem *Fluch*-Motiv unterlegt,

---

[97] Diese staunenswerte Identifizierung des noch nie gesehenen Helden auf einen ersten Blick aus der Ferne übernahm Wagner aus der 84. Strophe des *Nibelungenliedes*: *Obwohl ich Siegfried noch nie gesehen habe, so möchte ich wohl annehmen, wie immer es sich verhält, dass er der Recke sein kann, der dort so stolz auf und ab geht.*

[98] Schnell.

(Hagen.)
Zu seiner Halle[99] *entbiet' ich dich.*
Hieher! Hier lege an!

lädt Hagen den Flussreisenden zum Bleiben ein. Treffend kommentiert Kurt Pahlen: *Verstünde Siegfried diesen Klang, er führe besser an der Gibichungen Schloss vorbei.*

[99] Gunthers Halle, also die Halle der Gibichungen.

Wagner's original intention in creating the Ring (however much he may have expanded and modified this intention later) was to set forth the evils of modern civilisation and adumbrate a possible amelioration of them.[100]

Zweite Szene

In dieser Szene setzen Hagen, Gunther und Gutrune ihre Verabredung aus der ersten Szene in die Tat um. Vorab schließen Gunther und Siegfried Freundschaft und beschenken sich gegenseitig mit allem, was ihnen gehört. Als Siegfried dabei den Ring, den Tarnhelm und den Goldschatz vergisst, weil ihm diese Schätze nichts bedeuten, erinnert Hagen ihn an seinen Reichtum. Von seinen Gesprächspartnern unbemerkt vergewissert sich Hagen, dass Brünnhilde den Ring trägt. Dann verläuft alles wie geplant: Gutrune begrüßt Siegfried mit dem Drogentrank, Siegfried verliebt sich auf der Stelle in Gutrune, Siegfried und Gunther vereinbaren und beeiden die stellvertretende Brautentführung. Mit innerer Genugtuung und Zuversicht beobachtet Hagen, wie die Blutsbrüder in Siegfrieds Nachen zum Walkürenfelsen aufbrechen.

Während Siegfried mit seinem Kahn anlegt

(Hagen.)
Heil!
Heil! Siegfried, teurer Held!

und *mit dem Rosse auf den Strand springt*, tritt Gunther zu Hagen ans Flussufer. Gutrune *blickt* derweil *von ihrem Hochsitz aus in staunender Bewunderung auf Siegfried.* Ruhig an sein Pferd gelehnt, gilt Siegfrieds erste Frage dem Erben des verstorbenen Königs.

(Siegfried.)
Wer ist Gibichs Sohn?

Als sich Gunther meldet,

(Gunther.)
Gunther, ich, den du suchst.

---

[100] Deryck Cooke, *The World End*, S. 12.

stellt ihn Siegfried vor die für unser Empfinden bizarre, nach Wagners Quelltexten unter Helden aber durchaus zeitgemäße Wahl, entweder miteinander zu fechten oder Freundschaft zu schließen. So, wie Siegfried seine Frage artikuliert, wirkt es, als sei ihm beides recht.

(Siegfried.)
Dich hört' ich rühmen weit am Rhein:
nun ficht mit mir, oder sei mein Freund!

Vergleicht man die in unseren Ohren ungehobelt robuste Grußformel mit der betreffenden Szene im Nibelungenlied,[101] kommt Siegfried fast ein Freundschaftsangebot über die Lippen.[102] Wie dem auch sei: Gunthers Wahl überrascht nicht.

(Gunther.)
Lass' den Kampf!
Sei willkommen!

Als sich Siegfried, ruhig umherblickend, nach einem Stellplatz für sein Pferd erkundigt, bietet sich Hagen als Stallknecht an.

(Siegfried.)
Wo berg' ich mein Ross?

(Hagen.)
Ich biet' ihm Rast.

---

[101] Im Nibelungenlied verhält sich Siegfried bei seiner Ankunft – ausdrücklich zum Erstaunen seiner Gastgeber (*Der König und ebenso seine Gefolgsleute staunten über diese Forderung ...*) – weit weniger freundlich als bei Wagner. In der 108. Strophe des *Nibelungenliedes* begrüßt er den König Gernot und dessen Gefolge mit einer unverblümten Kriegserklärung: *Da Ihr so tapfer seid, wie mir gesagt worden ist, so habe ich die Absicht, Euch, ganz gleich, ob es jemandem gefällt oder jemanden stört, alles mit Gewalt abzunehmen, was Ihr besitzt. Land und Burgen sollen mir untertan werden.*

[102] Peter Wapnewski, *Der Ring*, S. 251 stört sich daran, dass Siegfried *dem Hausherrn unerzogen, ungezogen* und *fernab aller höfischen Etikette* die genannte *Alternative aufzwingt.* Dieser Tadel verfehlt die Absicht des Textdichters. Siegfrieds plump-unbeholfene Grußformel und Gunthers glatt-kultivierte Erwiderung sind je für sich tadelfreie Signale für die Begegnung von Protagonisten aus zwei verschiedenen Welten.

Das Motiv für Hagens ungewohnte Dienstfertigkeit souffliert das Orchester. Das *Verlockungs*-Motiv signalisiert, dass Hagen auf Siegfrieds Wohlfühlen bedacht ist.[103] Dass solche Fürsorge angebracht ist, geht aus Siegfrieds nächster Frage hervor. Mit gesundem Misstrauen erkundigt er sich, ob Hagen ihn schon früher einmal sah, weil er ihn auf dem Fluss von weitem mit Namen anrief. Geschickt pariert Hagen die Frage mit einem Kompliment, dem keiner widersprechen möchte.

(Siegfried.)
250 *Du riefst mich Siegfried:*
Sahst du mich schon?

(Hagen.)
Ich kannte dich nur an deiner Kraft.

Hagens Antwort stillt Siegfrieds Neugier, sollte ihn jedoch beunruhigen. Denn wie genau (und woher?) muss Hagen über Siegfried im Bilde sein, wenn er ihn auf solche Entfernung allein an seiner Kraft erkennen konnte? Während Hagen auf Siegfrieds vertrauensvolle Bitte, Grane zu versorgen,

(Siegfried.)
Wohl hüte mir Grane:
du hieltest nie von edlerer Zucht am Zaume ein Ross.

mit dem Pferd am Zügel die Halle verlässt, bedeutet er Gutrune wortlos durch einen von Siegfried unbemerkten Wink, sich zu entfernen. Gutrune geht in ihr Gemach ab. Sie hat verstanden, was Hagens Wink bedeuten soll und was jetzt zu tun ist: der *Trank im Schrein*[104] muss vorbereitet werden. Derweil schreitet Gunther mit Siegfried in die Halle, wo er ebenso freigiebig wie folgenlos sein ganzes Königreich und sich selbst an den fremden Helden verschenkt. So wie Gunther den Gegenstand seiner Schenkung beschreibt, traf Siegfrieds Begrüßungsfrage (*Wer ist Gibichs Sohn?*)[105] ins Schwarze: selbst im eigenen Verständnis ist Gunther vorrangig der Sohn und Erbe seines Vaters.

---

[103] Diese Motivlage hat Wagner aus der 99. Strophe des *Nibelungenlieds* übernommen, wo Hagen erklärt: *Wir werden den Herrn möglichst freundlich empfangen, damit wir uns nicht die Feindschaft des jungen Recken zuziehen.*

[104] Siehe Tz 209.

[105] Siehe Tz 242.

(Gunther.)
Begrüße froh, o Held, die Halle meines Vaters:
wohin du schreitest, was du ersiehst,
das achte nun dein Eigen;

dein ist mein Erbe, Land und Leut' –
hilf, mein Leib, meinem Eide!
Mich selbst geb' ich zum Mann.

Siegfried hat keine rechte Idee, wie er die überraschend üppige Schenkung angemessen erwidern könnte. Der in der Drachenhöhle zurückgelassene Goldschatz fällt ihm ebenso wenig ein wie der Ring an Brünnhildes Hand und der Tarnhelm in seinem Gürtel. Etwas verlegen und betreten bietet er als Gegenschenkung für *Vaters Haus und Hof* allein sich selbst und das selbstgeschmiedete Schwert an.

(Siegfried.)
Nicht Land noch Leute biete ich,
noch Vaters Haus und Hof:
einzig erbt' ich den eignen Leib;
lebend zehr' ich den auf.[106]

Nur ein Schwert hab' ich, selbst geschmiedet:
hilf, mein Schwert, meinem Eide!
Das biet' ich mit mir zum Bund.

Derweil ist Hagen unbemerkt hinter Siegfried getreten. Dessen Angaben zu den eigenen Vermögensverhältnissen überzeugen Hagen nicht. Als sei ihm nur ungefähr etwas zu Ohren gekommen, hakt er gezielt nach.

(Hagen.)
Doch des Niblungenhortes nennt die Märe dich Herrn?

Siegfried will – vermutlich aufrichtig – den nach seinen Begriffen nutzlosen Goldschatz fast schon vergessen haben.

(Siegfried.)
Des Schatzes vergaß ich fast:
so schätz' ich sein müß'ges Gut!

---

[106] Siehe Tz 1114–1118.

In einer Höhle ließ ich's liegen,
wo ein Wurm es einst bewacht.

Diese Auskunft, die ihm genügen sollte, wüsste er nicht wesentlich mehr, als er andeutete, stellt Hagen nicht zufrieden. Seine Neugier gilt nicht dem sagenhaften Goldschatz in der verlassenen Drachenhöhle. Hagen interessiert allein der Ring, den Siegfried noch nicht erwähnte und auch nicht trägt. Wohl um nicht durch gezielte Nachfrage Argwohn zu wecken, stellt sich Hagen weiterhin unwissend. Als habe er nichts Bestimmtes im Sinn, fragt er, ob Siegfried dem Schatz denn *nichts* entnommen habe.

(Hagen.)
Und nichts entnahmst du ihm?

Siegfried fällt zunächst der Tarnhelm ein, den er im Gürtel trägt, ohne zu wissen, wozu das *Gewirk* taugt.[107]

(Siegfried.)
Dies Gewirk, unkund seiner Kraft.

Auch diesmal weiß Hagen mehr als der Befragte. Nicht nur kennt er den Tarnhelm; er weiß auch, wie dieser funktioniert.[108] Da Siegfried den Helm nachher einsetzen soll, um Brünnhilde zu täuschen, zögert Hagen nicht, Siegfried die beiden Wirkungen des Tarnhelms zu beschreiben, die Siegfried bei der Brautentführung benötigen wird: die magische Kraft, die eigene Gestalt und den eigenen Standort nach Belieben zu wechseln. Die für die Brautentführung entbehrliche und für Hagen denkbar gefährliche Wirkung des Tarnhelms, den Helmträger unsichtbar zu machen,[109] erwähnt Hagen wohlweislich nicht. Nach dieser Einweisung will Hagen – wiederum auffällig unauffällig – wissen, ob Siegfried dem Hort *sonst nichts* entnahm.

---

107 Der Waldvogel erklärte Siegfried nur unscharf, der Tarnhelm *tauge zu wonniger Tat;* siehe *Siegfried* Tz 1071.

108 Die Quelle dieser Kenntnis liegt auch ohne Quellenangabe nahe: Alberich, der Erfinder des Tarnhelms (*Rheingold* Tz 577–615, 659–668, 774–781), dürfte Hagen in die Wirkungen des Tarnhelms eingeweiht haben.

109 Siehe *Rheingold* Tz 593–616 und 662–668.

(Hagen.)
Den Tarnhelm kenn' ich, der Niblungen künstliches Werk:
er taugt, bedeckt er dein Haupt, dir zu tauschen jede Gestalt;
verlangt dich's an fernsten Ort, er entführt flugs dich dahin.

Sonst nichts entnahmst du dem Hort?

Siegfrieds karge Antwort

(Siegfried.)
Einen Ring.

signalisiert, dass ihm der Ring so wenig bedeutet wie der Goldschatz in der Drachenhöhle. Reichtum oder Macht interessieren Siegfried nicht.[110] Wieder gibt sich Hagen mit Siegfrieds Antwort nicht zufrieden. Da sein verwickelter Heiratsplan nur aufgehen kann, wenn Brünnhilde den Ring verwahrt, vergewissert sich Hagen, ob der Ring dort ist, wo er ihn vermutet.[111] Auch hier tarnt Hagen seine Wissbegier mit gespielter Unkenntnis. Er tut, als wisse er nichts von der Ring-Schenkung, die seinem Hochzeitsvorschlag gegenüber seinen Halbgeschwistern zugrunde liegt.

(Hagen.)
Den hütest du wohl?[112]

Ohne die Bedeutung seiner Antwort für den Frager auch nur in Umrissen zu ahnen, gibt Siegfried im erhofften Sinne Auskunft.

(Siegfried, zart.)
Den hütet ein hehres Weib.

Nun weiß Hagen, was er bestätigt wissen wollte, bevor er Siegfried als ahnungsloses Werkzeug gegen Brünnhilde einsetzen wird. Oh-

---

[110] Siegfrieds Desinteresse hat nach Wagners Konzept andere und tiefere Gründe als bloße Unkenntnis. Denn zumindest in Umrissen kennt Siegfried das Machtpotential von Ring und Tarnhelm. Selbst unter der Wirkung des Vergessenheitstranks wird sich Siegfried an den Hinweis des Waldvogels erinnern, wonach der Ring Weltherrschaft verleihen kann; siehe *Siegfried* Tz 1071f. und *Götterdämmerung* Tz 1205–1218. Siegfrieds Zurückhaltung hat daher nach Wagners Konzept ideelle Gründe: furchtlose Liebe zum Augenblick.

[111] Dazu näher: Peter Wapnewski, *Der Ring*, S. 252f.

[112] Den verwahrst du wohl sicher?

ne weitere Nachfrage weiß Hagen, wer allein das von Siegfried nicht namentlich genannte *Weib* sein kann.

(Hagen, für sich.)
Brünnhild'!

Gunther teilt Hagens Interesse an Siegfrieds Besitztümern nur am Rande. Darum beteiligt er sich nicht an Hagens Erkundigungen. Nun, da er Siegfrieds Angaben entnimmt, was dieser selbst nicht zu begreifen scheint, meldet sich Gunther wieder zu Wort. Da ihm Siegfrieds Besitztümer weit wertvoller scheinen als sein ganzes Königreich, verzichtet Gunther bescheiden auf eine nach seinem Empfinden überreiche Gegenschenkung des Gastes. Scheinbar großherzig erklärt er sich bereit, Siegfried ohne Entgelt zu dienen.[113]

(Gunther.)
Nicht, Siegfried, sollst du mir tauschen:
Tand gäb' ich für dein Geschmeid', nähmst all' mein Gut du dafür:
ohn' Entgelt dien' ich dir gern.

Bei Gunthers letzten Worten tritt Hagen zu Gutrunes Gemach und öffnet wortlos die Türe. Ebenfalls wortlos tritt Gutrune mit einem gefüllten Trinkhorn heraus und geht zu Siegfried. In vollendeter Artigkeit bietet sie ihm den mit Hagens Droge versetzten Begrüßungstrank an.

(Gutrune.)
Willkommen, Gast, in Gibichs Haus!
Seine Tochter reicht dir den Trank.

Siegfried *neigt sich ihr freundlich zu* und ergreift das Horn. Er *hält es gedankenvoll vor sich hin* und spricht dann – nicht, wie gastliche Höflichkeit gebieten würde zu seinen Gastgebern, sondern leise vor sich hin – einen Brünnhilde gewidmeten Trinkspruch. Mit seinen ersten Worten *(Vergäß' ich alles)* beschwört Siegfried ahnungslos die fatale Wirkung der Droge. Wagners auf der Bühne nicht leicht zu realisierende Vortragsanweisung „*leise*" ist für die innere Logik des Geschehens enorm wichtig. Denn Gunther und Gutrune

[113] Das Motiv der königlichen Großherzigkeit liegt nahe. Gunther hat nicht vor, Siegfried zu dienen. Nach Hagens Plan soll es genau umgekehrt kommen: Siegfried soll für Gunther die Braut aus dem Feuer holen; siehe Tz 199–219. Eine Dienstleistung Gunthers für Siegfried ist nicht vorgesehen.

dürfen von Siegfrieds Verbindung mit Brünnhilde an dieser Stelle noch nichts erfahren, soll Hagens Plan nicht vorzeitig an Siegfrieds Trinkspruch scheitern.

(Siegfried, leise und zur Seite.)
Vergäß' ich alles, was du mir gabst,
von einer Lehre lass' ich doch nie:
den ersten Trunk zu treuer Minne,
Brünnhilde, bring' ich dir!

Siegfried *trinkt in einem langen Zuge.* Dann reicht er das Horn an Gutrune zurück, die *verschämt und verwirrt* – schämt sie sich ihrer zarten Gefühle für Siegfried oder ihrer Mitwirkung am Betrug? – ihre Augen vor ihm niederschlägt.

Die Ansichten über die Wirkung(en) des Tranks auf Siegfried sind geteilt. Manche meinen, der Trank lege bloß schlechte Eigenschaften frei, die Siegfried schon vorher zu Eigen waren.[114] Diese Deutung verträgt sich schlecht mit Wagners – zugegeben recht idealistischer – Vorstellung, wonach Siegfried den *stets liebenden Menschen* repräsentieren soll.[115] Zudem wirkt die Handlung der *Götterdämmerung* eher fade, wenn man das weitere Geschehen allein oder auch nur vorwiegend mit auffallend unerfreulichen Charaktereigenschaften Siegfrieds erklärt. Zeitlose Faszination übt *der Ring* seit bald 150 Jahren aus, weil die Personen auf der Bühne zur finalen Katastrophe aus Motiven beitragen, die zeitlos auch Menschen zu eigen sind, die man nicht unbedingt als Bösewichte bezeichnen würde. *Der Ring* handelt nicht von Göttern, Riesen, Zwergen und allerlei magischen Utensilien, sondern von Empfindungen und Motiven, die uns allen vertraut und in verschiedener Ausprägung auch zu Eigen sind. Wenn man dieses Tableau berücksichtigt, bewirkt der Vergessenheitstrank im opernhaften Zeitraffer hauptsächlich nur zweierlei. Erstens vergisst Siegfried Brünnhilde und alles, was ihn mit ihr verbindet.[116] Und zweitens erwirbt Siegfried den menschlichen Drang, einer Gemeinschaft anzugehören, deren Prioritäten er nicht ständig hypokritisch hinterfragt.[117] So ausgestattet

---

[114] In diesem Sinne insbesondere: Peter Wapnewski, *Der Ring,* S. 256.

[115] So Richard Wagner in seinem *Brief an August Röckel* vom 25./26. Januar 1856.

[116] Ebenso wie hier und gegen Peter Wapnewski: Carl-Heinz Mann, *Gerechtigkeit für Wotan,* S. 104f.

[117] Ähnlich und weiterführend: Hans Mayer, *Richard Wagner,* S.180f. Diesen Aspekt der Wesensveränderung könnte man auch Siegfrieds Rhein-

wird Siegfried aus Treue zu vermeintlichen Kameraden ungewollt zum Betrüger an Brünnhilde und sich selbst.

Die Droge[118] wirkt auf der Stelle: Siegfried heftet mit unnatürlich *schnell entbrannter Leidenschaft* seinen Blick auf Gutrune. Wenn man sich fragt, was der frisch gebackene Ehemann der *herrlichsten Braut* ausgerechnet an Gutrune finden mag, die der Textdichter im Vergleich mit anderen Charakteren auf der Bühne auffällig unauffällig zeichnet, findet man eine passende Antwort nicht nur in den Wirkungen der Begrüßungsdroge. Zu den Wirkungen der Droge tritt hinzu, dass Gutrune ein pointierter Gegenentwurf zu Brünnhilde ist. Anders gesprochen: Gutrunes ausgeprägtes Profil ist ihr von manchen Kritikern als unzureichend empfundenes Profil. In Verbindung mit ein wenig Lebenserfahrung und dem Wahlspruch seines Großvaters, wonach *Wandel und Wechsel liebt, wer lebt,*[119] könnte dieser Unterschied der beiden Damen Siegfrieds Wechselneigung auch ohne den Liebestrank erklären. Wie dem auch sei: nach einer überquellend kalauernden und schwülstigen Liebeserklärung kehrt Siegfried mit einer Frage, die seinen Heiratsantrag vorbereitet, zur pragmatischen Seite des Lebens zurück. Gunther soll ihm verraten, wie seine Schwester heißt.

(Siegfried.)
Die so mit dem Blitz den Blick du mir sengst,
was senkst du dein Auge vor mir?[120]

(Gutrune schlägt errötend die Augen zu ihm auf.)

(Siegfried.)
Ha, schönstes Weib!
Schließe den Blick;
das Herz in der Brust brennt mir sein[121] *Strahl,*
zu feurigen Strömen fühl' ich ihn[122] *zehrend zünden mein Blut!*

---

fahrt oder dem gleich folgenden Bruderschwur mit Gunther zuschreiben. Wie dem auch sei: ab hier unterscheidet sich Siegfrieds Verhalten signifikant vom Sozialverhalten seines Vaters, der zwar ebenfalls menschliche Gemeinschaft suchte, sich aber ständig mit allen überwarf; siehe *Walküre* Tz 123–132.

[118] Siehe Tz 209–216.

[119] Siehe *Rheingold* Tz 272.

[120] Du lässt plötzlich meinen Blick (auf dich) entflammen, warum senkt du deinen Blick?

[121] Gutrunes Blick.

(Mit bebender Stimme.)
Gunther, wie heißt deine Schwester?

Kaum fällt der Name,

(Gunther.)
Gutrune.

formuliert Siegfried einen Heiratsantrag, den er mit einem für unser Sprachgefühl eingängigen, für kundige Ohren aber leider ziemlich schiefen Wortspiel[123] auf den Namen der ausersehenen Braut einleitet.

(Siegfried.)
Sind's gute Runen, die ihrem Aug' ich entrate?

Er fasst Gutrune *feurig* bei der Hand.

(Siegfried.)
Deinem Bruder bot ich mich zum Mann;
der Stolze schlug mich aus;[124]
trügst du, wie er, mir Übermut,
böt' ich mich dir zum Bund?[125]

Laut einer ausführlichen Regieanweisung Wagners soll sich auf diese Frage Gutrunes (unsicherer) Blick unwillkürlich mit Hagens (sehr bestimmendem) Blick treffen. Demütig soll Gutrune auf diesen Blickkontakt ihr Haupt neigen und mit einer Gebärde, als fühle sie sich Siegfrieds nicht wert, *wankenden Schrittes die Halle verlassen*. Warum sich die Heiratswillige an dieser Stelle so merkwürdig verhalten soll, hat einen Grund, den nicht der Text, wohl aber das Orchester mit dem *Hagen*-Motiv und dem *Gutrune*-Motiv erläu-

---

[122] Gutrunes Blick.

[123] Gutrunes Name bedeutet nicht etwa „gute Runen", also gute Zeichen, sondern „Kampfrune".

[124] Das ist eine Anspielung darauf, dass Gunther das freundschaftliche Schenkungsangebot Siegfrieds (Tz 265–267) ausschlug (Tz 283–285), weil er den Gegenstand seines eigenen Schenkungsangebots, das auf sein Königreich (*Land und Leut'*) und sich selbst lautete (Tz 258–260), im Vergleich zu Siegfrieds Besitztümern (Nibelungenhort, Tarnhelm und Ring) als unzureichenden *Tand* empfand und darum anbot, Siegfried ohne Gegenschenkung zu dienen (Tz 285).

[125] Würdest du mich, wie Gunther das tat, übermütig ablehnen, wenn ich mich dir zum (Ehe-)Bund anböte?

tert: der beschriebene Blickkontakt und Gutrunes zerknirschter Abgang sind von Wagner klug bedachte Regiedetails. Würde Gutrune den Heiratsantrag auf der Stelle annehmen, wogegen aus ihrer Sicht nichts sprechen würde,[126] wäre Siegfried am Ziel aller Wünsche, die Hagen mit der Droge in ihm wecken wollte und auch tatsächlich wecken konnte; entsprechendes gilt für Gutrune. Für Hagens Plan käme die Annahme des Heiratsantrags allerdings entschieden zu früh. Denn welchen Anlass hätte ein frisch verheirateter Siegfried noch, Brünnhilde als Braut für Gunther aus dem Feuer zu holen? Damit sein Brünnhilde-Plan aufgeht, muss Hagen darauf bedacht sein, dass Siegfried den ihm zugedachten Köder (Gutrune) erst erhält, nachdem er Brünnhilde für Gunther nach Gibichungen geholt hat.[127] In Siegfrieds Gegenwart offen aussprechen kann Hagen dieses Kalkül natürlich nicht. Der sprechende Subtext von Hagens Blick zu Gutrune muss darum eindringlich lauten: „*Unterstehe dich, diesen Heiratsantrag jetzt anzunehmen!*" Diesem wortlosen Diktat Hagens entspricht die von Wagner beschriebene Reaktion Gutrunes. Wie eine Marionette verlässt sie *demütig und wankenden Schrittes* die Halle. Siegfried sieht ihr gebannt (*wie festgezaubert*) nach, während ihn Hagen und Gunther aufmerksam beobachten. Ohne sich umzuwenden, stellt Siegfried die von seinen Beobachtern erhoffte Anschlussfrage.

(Siegfried.)

305 *Hast du, Gunther, ein Weib?*

Gunther erklärt, er sei noch ledig, weil er sein Auge auf eine unerreichbare Braut geworfen habe.

(Gunther.)

Nicht freit' ich noch,
und einer Frau soll ich mich schwerlich freu'n:
auf eine setzt' ich den Sinn, die kein Rat mir je gewinnt.

Das ist eine glatte Lüge. Von Brünnhilde, auf die diese Erklärung gemünzt ist, hat Gunther eben erst gehört. Seine Ehelosigkeit muss darum andere Gründe haben. *Sich lebhaft zu Gunther umwendend,* bietet Siegfried im Bewusstsein seiner überbordenden Kräfte an, Gunther bei der offenbar anspruchsvollen Brautwerbung zu unterstützen.

---

[126] Siehe Tz 219 und 365.

[127] Siehe Tz 201–204.

(Siegfried.)
Was wär' dir versagt,
steh' ich zu dir?

Auf dieses Hilfsangebot gibt Gunther ohne nähere Erläuterung die vorhin von Hagen zitierte Beschreibung des Walkürenfelsens durch den Waldvogel wieder.[128] *Mit verwunderungsvoller Hast einfallend*, spricht Siegfried Gunthers Worte jeweils fragend mit abnehmendem Verständnis und schließlich völlig verständnislos nach.

(Gunther.)
Auf Felsen hoch ihr Sitz;

(Siegfried.)
Auf Felsen hoch ihr Sitz?

(Gunther.)
ein Feuer umbrennt den Saal.

(Siegfried.)
Ein Feuer umbrennt den Saal?

(Gunther.)
Nur wer durch das Feuer bricht,

(Siegfried, bemüht, eine Erinnerung festzuhalten.)
Nur wer durch das Feuer bricht?

(Gunther.)
darf Brünnhildes Freier sein.

Als Brünnhildes Name fällt, soll Siegfried *durch eine Gebärde verraten*, dass ihr Name ihm nichts mehr sagt. Sobald Gunther erklärt, dass er das Feuer nicht überwinden kann,

(Gunther.)
Nun darf ich den Fels nicht erklimmen;
das Feuer verglimmt mir nie!

kommt Siegfried wie aus einem Traum zu sich. Übermütig und lebhaft bietet er Gunther an, ihn bei der Brautwerbung zu vertreten, falls er dafür im Gegenzug Gutrune bekommt. Ein Hauch des

---

[128] Siehe Tz 169–174.

Damenhandels seines Großvaters Wotan mit den Riesen liegt in der Luft.[129] Dagegen hätte Siegfrieds Vater Siegmund wohl sein Leben riskiert, um eine Brautwerbung der Qualität zu verhindern, die zu übernehmen Siegfried hier anbietet.[130] Doch wohlfeile Empörung tut auch an dieser Stelle nicht gut: aus Siegfrieds Worten spricht neben staunenswerter Kenntnis altgriechischer Dramen,[131] dass er helfen will, weil er sich nicht fürchtet und weil er sein Grußwort an Gunther einhalten will.[132] Diese Treue zum eigenen Versprechen meint Siegfried, wenn er – für unsere Ohren reichlich gestelzt – erklärt, sein Mut gehöre Gunther.

(Siegfried.)
Ich – fürchte kein Feuer, für dich frei' ich die Frau:
denn dein Mann bin ich,
und mein Mut ist dein, –
gewinn' ich mir Gutrun' zum Weib.

(Gunther.)
Gutrune gönn' ich dir gerne.

So wird nach Hagen, Gunther und Gutrune nun auch Siegfried mit seinem Vorschlag

(Siegfried.)
Brünnhilde bring' ich dir.

in allseitiger Harmonie zum Betrüger. Denn auf Gunthers Frage, wie Siegfried die Braut über den wahren Brautwerber zu täuschen gedenkt – dass insoweit eine Täuschung zu verüben sein wird, setzt Gunther unausgesprochen zutreffend voraus –,

(Gunther.)
Wie willst du sie täuschen?

beweist Siegfried, dass er in seiner neuen Umgebung bereits gewandter unterwegs ist als Gunther. Ohne Zögern schlägt Siegfried vor, den Tarnhelm zu Brünnhildes Täuschung einzusetzen. Die

---

[129] Siehe *Rheingold* Tz 240–259, 316–319, 345–350.

[130] Siehe *Walküre* Tz 139–158.

[131] Siehe dazu den Hinweis von Ernst Meinck, *Sagenwissenschaftliche Grundlagen*, S. 284: *Ebenso wie Herakles dem Eurystheus dient Siegfried als der bessere Held dem Unterlegenen.*

[132] Siehe Tz 261–267.

bewundernswert schnörkellose Abrede des furchtlosen Brautwerbers mit dem vorsichtigen Bräutigam in spe

(Siegfried.)
Durch des Tarnhelms Trug tausch' ich mir deine Gestalt.

lässt treffend die Schattenseite der betrügerischen Brautwerbung anklingen. Wohl auch wegen dieser dunklen Seite sind sich Gunther und Siegfried einig, dass es angemessen erscheint, den Handel „Felsenbraut gegen Schwester" feierlich zu beeiden.

(Gunther.)
So stelle Eide zum Schwur!

(Siegfried.)
Blutbrüderschaft schwöre ein Eid!

Hagen füllt ein Trinkhorn mit frischem Wein; Siegfried und Gunther ritzen sich mit ihren Schwertern die Arme und halten sie kurz über das Trinkhorn. Beide legen zwei Finger auf das Horn, das Hagen in ihrer Mitte hochhält. So sprechen beide einen Bruderschwur. Wer diesen Schwur bricht, soll sterben.

(Siegfried.)
Blühenden Lebens labendes Blut
träufelt' ich in den Trank.

(Gunther.)
Bruderbrünstig mutig gemischt
blüh' im Trank unser Blut!

(Beide.)
Treue trink' ich dem Freund!
Froh und frei entblühe dem Bund
Blutbrüderschaft heut'.

(Gunther.)
Bricht ein Bruder den Bund,

(Siegfried.)
trügt den Treuen der Freund,

(Beide.)
was in Tropfen heut' hold wir tranken,
in Strahlen ström' es dahin,
fromme Sühne dem Freund!

Gunther trinkt und reicht das Horn Siegfried.

(Gunther.)
So biet' ich den Bund!

(Siegfried.)
So – trink' ich dir Treu'.

Siegfried trinkt und hält das geleerte Horn Hagen hin, der es nach alter Sitte[133] mit seinem Schwert in zwei Stücke zerschlägt. Gunther und Siegfried reichen sich die Hände. Siegfried wundert sich, warum Hagen, der während des Schwures hinter ihm stand,[134] nicht am Eid teilnahm,

(Siegfried, zu Hagen.)
Was nahmst du am Eide nicht teil?

wobei das Orchester mit dem *Gutrune*-Motiv süffisant andeutet, dass Siegfried wohl nicht ganz bei der Sache ist, sondern (auch) an Gutrune denkt. Hagen erklärt seine Abstinenz mit Rücksichtnahme: sein kaltes Blut, gibt er vor, hätte den *feurigen Bund* verdorben. In Wagners Quelltexten geht es Hagen darum, unter einem Vorwand überlegene Distanz zu wahren.[135]

(Hagen.)
Mein Blut verdürb' euch den Trank;
nicht fließt mir's ächt[136] *und edel wie euch:*
störrisch und kalt stockt's in mir,
nicht will's die Wange mir röten.
Drum bleib' ich fern vom feurigen Bund.

Was Hagen sagt, entspricht zwar seinem Selbstbild,[137] ist aber nur eine fahle, im Schlussvers auch ironische Ausrede. Freundschaft

---

133 Ernst Meinck, *Sagenwissenschaftliche Grundlagen,* S. 278 verweist hierzu auf den alten Brauch, ein Glas, aus dem zu einem bedeutenden Anlass getrunken wurde, zu zerbrechen, damit in Zukunft niemand wieder daraus trinken kann.

134 In dieser Position wird Hagen laut Wagners Regieanweisung auch bei seinem Todesstoß in Siegfrieds Rücken stehen.

135 Siehe dazu das literarische Vorbild in den *Heldenliedern der älteren Edda* (Das kurze Sigurdlied, Strophe 20): *Wir müssen Gotthorn zum Todschlag reizen, .. er war nicht beteiligt an geschwornen Eiden.*

136 Siehe Tz 156 und 180.

137 Siehe Tz 575–578.

mit Siegfried misslingt Hagen nicht aus Unvermögen, sondern aus kalter Berechnung.[138] Naiv und vertrauensselig beruhigt Gunther den aufmerksamen Gast mit einer leeren Phrase.

(Gunther.)
Lass' den unfrohen Mann!

Siegfried drängt zum Aufbruch. Geschäftig erklärt er Gunther, wie er sich den weiteren Ablauf des Tages und des kommenden Morgens vorstellt: gleich jetzt will er mit Gunther zum Walkürenfelsen aufbrechen. Wo der Fels liegt, hat er augenscheinlich nicht vergessen. Gunther soll die Nacht über im Schiff warten und Brünnhilde am nächsten Morgen in Siegfrieds Boot heimfahren. Die grausame Ironie dieses Fahrplans: das erste und das einzige Mal, dass Siegfried die magische Kraft eines seiner Beutestücke nutzt, wird er den Tarnhelm zu Brünnhildes Täuschung und zur Zerstörung der eigenen Ehe einsetzen.

(Siegfried.)
Frisch auf die Fahrt!
Dort liegt mein Schiff:
schnell führt es zum Felsen.
Eine Nacht am Ufer harrst du im Nachen;
die Frau fährst du dann heim.

Siegfried wendet sich zum Gehen und winkt Gunther, ihm zu folgen. Gunthers verwunderte Frage, ob Siegfried vor der Abreise nicht rasten möchte,

(Gunther.)
Rastest du nicht zuvor?

---

[138] Welcher Natur diese Berechnung ist, leuchtet Wagners Text nicht aus. Peter Wapnewski, *Der Ring*, S. 258 verwahrt sich dagegen, *solches Abseits als scheue Anwandlung sittlichen Anstands zu deuten;* eher möge es sich *um einen irrationalen Reflex aus heidnisch-magischer Furcht vor einem sich klar abzeichnenden Eidbruch handeln*, weil Hagen ja bereits plant, Siegfried zu töten. Dieser Hinweis hat im Hinblick auf Hagens Frage an Brünnhilde in Tz 931 im Ansatz manches für sich, erschöpft das Thema aber nicht. Neben Hagens intrinsischer Motivation bleibt offen, ob sich Hagen aus eigener Überzeugung oder aus taktisch motivierter Rücksicht auf fremde Überzeugungen zurückhält.

zeigt, wie sehr sich der Lebensstil der Blutsbrüder unterscheidet. Dazu verrät Siegfrieds Antwort, wie stark ihn die Liebesdroge beherrscht. Siegfried hat es eilig, weil er so schnell wie möglich zu Gutrune zurückkehren möchte.

(Siegfried.)
Um die Rückkehr ist's mir jach![139]

Siegfried geht zum Flussufer, um das Schiff loszubinden; Gunther folgt ihm. Sein Abschiedsgruß an Hagen zeugt von erschreckender Arglosigkeit.

(Gunther.)
Du, Hagen!
Bewache die Halle!

Als Siegfried und Gunther ablegen und in die Flussmitte steuern, erscheint Gutrune in der Tür ihres Gemachs. Da sie die Abrede der Blutsbrüder nicht mitverfolgt hat, will sie von Hagen wissen, was der plötzliche Aufbruch zu bedeuten hat.

(Gutrune.)
Wohin eilen die Schnellen?

Während er sich *gemächlich mit Schild und Speer von der Halle niedersetzt*, formuliert Hagen mit Wohlbedacht eine Antwort, die zwar zutrifft, Gutrunes Unruhe aber steigert.

(Hagen.)
Zu Schiff – Brünnhild' zu frein.

Gutrune, die Siegfried mit sicherem Instinkt nicht in Brünnhildes Nähe wissen will und Hagens Auskunft nicht entnehmen kann, wer als Freier aufbricht, fragt verunsichert nach.

(Gutrune.)
Siegfried?

---

[139] Dementsprechend wird Siegfrieds erste Frage nach seiner Rückkehr vom Walkürenfelsen Gutrune gelten; siehe Tz 645. Und ebenso ungestüm erklärt er Gutrune in Tz 653f. mit platter Direktheit zu seiner Frau.

Hagens klärende Antwort

(Hagen.)
Sieh', wie's ihn treibt,
zum Weib dich zu gewinnen!

ist ebenso richtig wie doppelbödig boshaft. Denn Gutrunes Hoffnung auf Siegfrieds baldige Rückkehr deckt sich mit Hagens Hoffnung auf einen baldigen Tod des Rückkehrers.[140] Hoffnungsfroh

(Gutrune.)
Siegfried – mein!

zieht sich Gutrune *lebhaft erregt* in ihr Gemach zurück. Siegfried treibt den Nachen mit kräftigen Ruderschlägen stromabwärts.

Hagen lehnt im Sitzen bewegungslos an einem Pfosten der Halle. Nach einigem Schweigen spricht er vor sich hin, was ihm durch den Kopf geht. Ironisch an Gunthers naiven Abschiedsgruß[141] anknüpfend, bezeichnet er sich als Bewacher von Gibichs Hof und Halle. Gunther segelt für ihn mit dem Wind zur Brautwerbung. Siegfried führt das Steuer, um dem Blutsbruder die eigene Frau als Braut und Hagen den Ring zu überbringen. Hagen gönnt den Reisenden ihre frohe Zuversicht und Herablassung. Denn arglos dienen inzwischen alle seinem Plan.[142]

(Hagen.)
Hier sitz' ich zur Wacht,
wahre den Hof,
wehre die Halle dem Feind:

Gibichs Sohne[143] *wehet der Wind;*
auf Werben fährt er dahin.

---

[140] Siehe Tz 993 und 1301–1303.

[141] Siehe Tz 358f.

[142] Siehe Tz 375–359. Dieser Trost hat einen bitteren Beigeschmack. Hagen weiß, dass er seine Existenz und seinen freudlosen Charakter vor allem seiner Funktion als Werkzeug Alberichs verdankt; siehe Tz 575–584, 616–621.

[143] Gunther.

Ihm führt das Steuer ein starker Held,
Gefahr ihm[144] *will er bestehn: –*
die eigne Braut[145] *ihm*[146] *bringt er zum Rhein;*
mir aber bringt er[147] *– den Ring!*

Ihr freien Söhne, frohe Gesellen,
segelt nur lustig dahin:
dünkt er[148] *euch niedrig,*
ihr dient ihm[149] *doch,*
des Niblungen Sohn.

Ein Teppich schlägt vor der Szene zusammen und verschließt die Bühne.[150] Während dahinter der Schauplatz verwandelt wird, vernehmen wir ein Orchesterzwischenspiel.

---

[144] Für Gunther.
[145] Brünnhilde.
[146] Gunther.
[147] Siegfried.
[148] Hagen.
[149] Hagen.
[150] Der Vorhang schließt sich im *Ring* immer nur zum Schluss eines *Aufzuges* (Aktes). Um mit dieser Regel nicht zu brechen, verdeckt die an dieser Stelle erforderlichen Umbauten auf der Bühne nach Wagners Vorgaben provisorisch nur *ein Teppich*.

> *To listen to Wagner's music simply as music, without regard to the words of the drama, is to miss all this. The music is so good that it is easy to do this and enjoy it, losing sight of what one misses. But how much one does miss astonishes those who, after half a lifetime of enjoying the music, for the first time study the texts and see the operas in performance.*[151]

Dritte Szene

(Die Felsenhöhe wie im Vorspiel)

Während Siegfried mit Gunther rheinabwärts[152] zum Walkürenfelsen segelt, sitzt Brünnhilde am Eingang ihres Steingemachs und betrachtet gedankenverloren den Ring. *Von wonnigen Erinnerungen ergriffen* bedeckt sie den Ring mit Küssen. Als es in der Ferne donnert, blickt Brünnhilde auf und lauscht. Es blitzt. Brünnhilde lauscht von Neuem und entdeckt, wie eine finstere Gewitterwolke heranzieht. Das Begleitgeräusch ist Brünnhilde vertraut: eine ihrer Schwestern naht auf ihrem fliegenden Pferd. Es ist Waltraute, die nach Walküren-Art schon von weitem grüßt.

(Brünnhilde.)
Altgewohntes Geräusch raunt meinem Ohr die Ferne.
Ein Luftross jagt im Laufe daher;
auf der Wolke fährt es wetternd zum Fels.
Wer fand mich Einsame auf?

(Waltrautes Stimme von Ferne.)
Brünnhilde!
Schwester!
Schläfst oder wachst du?

Brünnhilde fährt von ihrem Sitze auf. Sie freut sich und bewundert Waltrautes Mut. Denn wer Wotans Kontaktsperre bricht, riskiert selbst die Verbannung aus Walhall.[153]

---

[151] Bryan Magee, *Aspects of Wagner*, S. 12.

[152] Siegfried kam flussaufwärts nach Gibichungen; Tz 230. Siehe auch Tz 681 sowie die Regieanweisung nach Tz 685.

[153] Siehe *Walküre* Tz 1265–1270.

(Brünnhilde.)
Waltrautes Ruf, so wonnig mir kund!
Kommst du, Schwester?
Schwingst dich kühn zu mir her?

(Sie eilt zum Felsrand.)

Dort im Tann – dir noch vertraut – steige vom Ross,
und stell' den Renner zu Rast!

Brünnhilde stürmt in den Tann, aus dem Gewitterschläge zu hören sind. *In heftiger Bewegung* kommt Brünnhilde mit Waltraute auf die Bühne zurück. Die *ängstliche Scheu* der Schwester entgeht ihr.

(Brünnhilde.)
Kommst du zu mir?
Bist du so kühn,
magst ohne Grauen Brünnhild' bieten den Gruß?

(Waltraute.)
Einzig dir nur galt meine Eil'.

Wortreich überhäuft Brünnhilde ihre Schwester mit Fragen und einem Schwall der in ihrer Einsamkeit aufgestauten Gefühle. Aus Brünnhildes Worten spricht, wie sehr sie sich noch (oder wieder?) Wotan verbunden fühlt. Ihm gelten ihre ersten Worte und Fragen und ihre vage Hoffnung, er habe ihr vergeben und seinen Bann aufgehoben. Diese Hoffnung knüpft Brünnhilde an einen Umstand, der keine Zuversicht rechtfertigt: dass Wotan sie in ihrem Bannschlaf nicht dem erstbesten Manne preisgab, wie er ursprünglich drohte. Brünnhilde weiß allzu gut, dass Wotan diesen Teil seines Strafplans nicht aus Milde, sondern auf ihren eigenen Vorschlag allein in der Hoffnung auf eine zweite Chance für seinen Wälsungen-Rettungsplan modifizierte.[154] Atemlos und ohne innezuhalten berichtet Brünnhilde, was sie erlebte, seit Wotan die Walküren vom Felsen vertrieb.[155] Enthusiastisch erklärt sie der Schwester, Wotans Strafe habe sie *zur seligsten* Frau *des herrlichsten Helden* erhoben. In ihrer Euphorie versteigt sich Brünnhilde gar zu der Hoffnung, Waltraute sei gekommen, ihr Glück mit Siegfried zu teilen.

---

[154] Siehe *Walküre* Tz 1410–1434.
[155] Siehe *Walküre* Tz 1258–1275.

(Brünnhilde.)
So wagtest du, Brünnhild' zulieb, Walvaters Bann zu brechen?
Oder wie? O sag! Wär' wider mich Wotans Sinn erweicht?
Als dem Gott entgegen Siegmund ich schützte,
fehlend – ich weiß es – erfüllt' ich doch seinen Wunsch.
Dass sein Zorn sich verzogen, weiß ich auch.

Denn, verschloss er mich gleich in Schlaf,
fesselt' er mich auf den Fels,
wies er dem Mann mich zur Magd,
der am Weg mich fänd' und erweckt':
meiner bangen Bitte doch gab er Gunst:
mit zehrendem Feuer umzog er den Fels,
dem Zagen zu wehren den Weg.

So zur Seligsten schuf mich die Strafe:
der herrlichste Held gewann mich zum Weib!
In seiner Liebe leucht' und lach' ich heut' auf!

Mit *stürmischer Freude* umarmt Brünnhilde die Schwester, die sie *mit scheuer Ungeduld abzuwehren sucht.*

(Brünnhilde.)
Lockte dich Schwester mein Los?
An meiner Wonne willst du dich weiden,
teilen, was mich betraf?

So menschlich Brünnhilde liebt und schwärmt, so menschlich irrt sie auch. Liebesgefühle sind Waltraute so fremd wie Brünnhilde vor ihrer Begegnung mit Siegfried. Nicht aus Mut, aus blanker Angst setzte sich Waltraute über Wotans Kontaktsperre[156] hinweg.

(Waltraute.)
Teilen den Taumel, der dich Törin erfasst?
Ein Andres bewog mich in Angst, zu brechen Wotans Gebot.

Nun erst registriert Brünnhilde befremdet die *wildaufgeregte Stimmung Waltrautes*. Fragend bedauert sie Waltrautes Angst vor Wotans strafendem Zorn.

---

[156] Siehe *Walküre* Tz 1265–1270.

(Brünnhilde.)
Angst und Furcht fesseln dich Arme?
So verzieh der Strenge noch nicht?
Du zagst vor des Strafenden Zorn?

Doch Waltraute fürchtet nicht Wotans Zorn. Sie ängstigt, dass Wotan nicht mehr zum Fürchten ist.

(Waltraute.)
Durft' ich ihn fürchten, meiner Angst fänd' ich ein End'!

Auf Brünnhildes verständnislose Rückfrage

(Brünnhilde.)
Staunend versteh' ich dich nicht.

mahnt Waltraute, Brünnhilde möge sie einmal zu Wort kommen lassen und zuhören. Denn Waltraute ist in Eile. Die gleiche Angst, die sie zu Brünnhilde trieb, zieht Waltraute wieder nach Walhall zurück. Erschrocken ahnt Brünnhilde, dass Waltraute mit schlechten Nachrichten kommt.

(Waltraute.)
Wehre der Wallung, achtsam höre mich an!
Nach Walhall wieder treibt mich die Angst,
die von Walhall hierher mich trieb.

(Brünnhilde.)
Was ist's mit den ewigen Göttern?

Nun berichtet Waltraute, was seit Brünnhildes Verbannung vor knapp zwanzig Jahren in Walhall geschah. Wotan ist völlig verändert. Nicht einmal mehr sandte er die Walküren aus, um auf irdischen Schlachtfeldern tote Helden zu rekrutieren. Walhalls Helden geht er aus dem Weg und durchstreift, als Wanderer verkleidet, einsam und rastlos die Welt. Unlängst kehrte er mit zerschlagenem Speer nach Walhall zurück. Mit stummem Wink[157] befahl er Walhalls Helden, die welke Weltesche[158] zu fällen und in Scheiten rund um den Saal der Götter aufzuschichten. Den Götterrat berief er ein, nahm dort feierlich den Vorsitz ein, sprach aber, seinen zer-

---

[157] Zu einem tödlichen Handwink Wotans siehe *Walküre,* Regieanweisung nach Tz 962.

[158] Siehe Tz 19f. und 31f.

brochenen Speer fest in der Faust, stumm und ernst vor den *in Ring und Reih'* versammelten Helden kein Wort. Freias jüngende Äpfel rührt Wotan nicht mehr an. Staunen und Angst fesseln die Götter in Walhall zu ratlosem Nichtstun. Wohl in Hoffnung auf eine erlösende Nachricht (*gute Kunde*) sandte Wotan seine Raben[159] aus. Welche Nachricht er von den heimkehrenden Raben erhofft, scheint außer Wotan keiner zu wissen.[160] Als sich Waltraute in weinender Ratlosigkeit an seine Brust presste, gab Wotan ihr *tief seufzend mit geschlossenem Auge und wie im Traume raunend* sein Geheimnis preis: Götter und Welt wären vom Ringfluch erlöst, gäbe Brünnhilde den Ring an die Rheintöchter zurück. Das vertrauliche Bekenntnis ließ Waltraute *in heimlicher Hast* und *im Sturme* zu Brünnhilde aufbrechen. Sie beschwört ihre Schwester, die Qual der Götter zu beenden.

(Waltraute.)
Höre mit Sinn, was ich dir sage!

Seit er von dir geschieden,
zur Schlacht nicht mehr schickte uns Wotan:
irr' und ratlos ritten wir ängstlich zu Heer.
Walhalls mutige Helden mied Walvater;
einsam zu Ross, ohne Ruh' noch Rast
durchschweift' er als Wandrer die Welt.

Jüngst kehrte er heim;
in der Hand hielt er seines Speeres Splitter:
die hatte ein Held ihm geschlagen.
Mit stummem Wink Walhalls Edle wies er zum Forst,
die Weltesche zu fällen.

Des Stammes Scheite hieß er sie schichten
zu ragendem Hauf rings um der Seligen Saal.
Der Götter Rat ließ er berufen;
den Hochsitz nahm heilig er ein:

---

[159] Laut der *Edda des Snorri Sturluson* (Gylfis Täuschung, 43. Gesang) sitzen die beiden Raben Huginn und Muninn auf Odins (= Wotans) Schultern und sagen ihm alles ins Ohr, was sie sehen und hören. Auch ohne entsprechenden Hinweis in Wagners Text ist anzunehmen, dass Wotans Raben Ähnliches leisten.

[160] Näher dazu siehe die Anmerkungen nach Tz 467.

ihm zu Seiten hieß er die Bangen sich setzen,
in Ring und Reih' die Hall' erfüllen die Helden.

So – sitzt er, sagt kein Wort,
auf hehrem Sitze stumm und ernst;
des Speeres Splitter fest in der Faust;
Holdas Äpfel[161] *– rührt er nicht an.*
Staunen und Bangen binden starr die Götter.

Seine Raben beide sandt' er auf Reise;
kehrten die einst mit guter Kunde zurück; –
dann noch einmal – zum letzten Mal! – lächelte ewig der Gott.

Seine Knie' umwindend liegen wir Walküren,
blind bleibt er den flehenden Blicken:
uns alle verzehrt Zagen und endlose Angst.
An seine Brust presst' ich mich weinend;
da brach sich sein Blick – er gedachte, Brünnhilde, dein'.

Tief seufzt' er auf, – schloss das Auge,
und wie im Traume raunt' er das Wort:
„des tiefen Rheines Töchtern
gäbe den Ring sie wieder zurück,
von des Fluches Last erlöst wär' Gott und Welt!"

Da sann ich nach: –
von seiner Seite, durch stumme Reihen stahl ich mich fort;
in heimlicher Hast bestieg ich mein Ross,
und ritt im Sturme zu dir.
Dich, o Schwester, beschwör ich nun:
was du vermagst, vollend' es dein Mut:
ende der Ewigen[162] *Qual!*

Wotans vertraulich gemurmeltes Bekenntnis und Waltrautes spontane Reaktion auf das Gehörte eröffnen eine Dimension des Dramas, die auf der Bühne nur angedeutet wird. Aus Gründen, die nach heutigem Verständnis einer (Familien-)Therapie bedürften,

---

[161] Die den (im *Ring* nicht von Natur aus unsterblichen) Göttern ewige Jugend verleihenden Äpfel der Göttin Freia / Holda; siehe *Rheingold* Tz 355–362 und 543–555.

[162] Der Götter.

hat es Wotan in den vergangenen 40 Jahren[163] offenbar nicht fertiggebracht, wenigstens seinen allernächsten Angehörigen den Grund seiner Bedrückung mitzuteilen und zu erklären, was unternommen werden könnte und müsste, um diesen Kummer zu beheben.[164] Nach Waltrautes Bericht scheint keine ihrer Schwestern auch nur in Umrissen zu ahnen, was Wotan ihr unter vier Augen anvertraute. Und dass es in Walhall Seelen geben sollte, die Wotan näherstehen als die eng um seine Knie versammelten Walküren, ist nicht anzunehmen. – Was Brünnhilde ihrer Schwester antwortet, ist eine Hilfestellung für alle, die in der zweiten Szene des Vorspiels der Götterdämmerung nicht aufmerksam zugehört haben: Brünnhilde hat ihr göttliches Vielwissen eingebüßt.[165] Darum kann sie mit Waltrautes Bericht und deren bis dahin nur angedeuteter Bitte nichts rechtes anfangen. Ratlos erkundigt sie sich, was die aufgeregte Schwester von ihr will.

(Brünnhilde.)
Welch' banger Träume Mären meldest du Traurige mir!
Der Götter heiligem Himmelsnebel bin ich Törin enttaucht;
nicht fass' ich, was ich erfahre.

Wirr und wüst scheint mir dein Sinn:
in deinem Aug', so übermüde, glänzt flackernde Glut.
Mit blasser Wange, du bleiche Schwester,
was willst du Wilde von mir?

Heftig bekräftigt Waltraute ihr Anliegen: Wotan zuliebe, fordert sie, solle Brünnhilde den Ring (in den Rhein) fortwerfen.

(Waltraute.)
An deiner Hand, der Ring, er ist's;
hör meinen Rat: für Wotan
wirf ihn von dir!

Wie jeder Ringbesitzer, der im Lauf der Tetralogie aufgefordert wird, den Ring herzugeben, reagiert Brünnhilde ungläubig.[166] Allerdings tut sie das aus anderen Gründen als ihre Vorbesitzer. Zunächst zeigt sie sich verwundert, dass sich der Ring, von dem Waltraute spricht, an ihrer Hand befinden soll.

---

[163] Nämlich, seit er im *Rheingold* seinen *großen Gedanken* fasste, siehe dort die Regieanweisung nach Tz 1150.

[164] Näher dazu im *Siegfried* die Anmerkungen nach Tz 821.

[165] Siehe Tz 91–98.

[166] Siehe *Rheingold* Tz 885–897, 1031–1047 und *Siegfried* Tz 856–867.

(Brünnhilde.)
Den Ring – von mir?

Als Waltraute insistiert,

(Waltraute.)
Den Rheintöchtern gib ihn zurück!

hält Brünnhilde ihr das Motiv der Ring-Schenkung entgegen, das dem Urheber dieser Schenkung – Siegfried – inzwischen drogenbedingt entfallen ist. Nicht aus Gier nach Macht oder Gold, wie der Ringfluch das vorsieht, sondern aus Liebe zu Siegfried[167] lehnt Brünnhilde die erlösende Ring-Herausgabe ab.

(Brünnhilde.)
Den Rheintöchtern – ich – den Ring?
Siegfrieds Liebespfand?
Bist du von Sinnen?

In den einst vertrauten Schwestern lässt Wagner am zentralen Gegenstand der Tetralogie die ideellen Gegenpole der Ringhandlung aufeinanderprallen. Brünnhildes *Liebespfand* ist für Waltraute die Quelle von *Unheil und Elend* in der Welt.

(Waltraute.)
Hör' mich, hör' meine Angst!
Der Welt Unheil haftet sicher an ihm.
Wirf ihn von dir, fort in die Welle,
Walhalls Elend zu enden, den verfluchten wirf in die Flut!

Mit wenigen Worten begräbt Brünnhilde die Hoffnung ihrer Schwester auf Erlösung. Das sichtbare Zeichen für Siegfrieds Liebe ist Brünnhilde mehr wert als Walhalls Ruhm. Brünnhildes Haltung ist ein Gegenentwurf zu Wotans urzeitlichem Besuch der Weltesche[168] und zu Alberichs Liebesfluch.[169] Während beide Herren der Macht gegenüber der Liebe den Vorzug gaben, schätzt Brünnhilde die Liebe höher als alle Macht und Pracht der Götter.[170] Die von Waltraute beschworenen Konsequenzen ihrer Haltung nimmt

---

[167] Siehe Tz 116–121.

[168] Siehe Tz 15–22 und *Walküre* Tz 580–587.

[169] Siehe *Rheingold* Tz 223.

[170] Ähnlich entschieden trat ihr einst Siegmund im Namen der Liebe entgegen; siehe *Walküre* Tz 838–842, 873–876, 883–888.

Brünnhilde ausdrücklich in Kauf: selbst wenn Walhall deswegen in Trümmern untergehen sollte, will sie den Ring nicht hergeben.

(Brünnhilde.)
Ha! Weißt du, was er mir ist?
Wie kannst du's fassen, fühllose Maid![171]

Mehr als Walhalls Wonne, mehr –
als der Ewigen Ruhm ist mir der Ring:
ein Blick auf sein helles Gold,
ein Blitz aus dem hehren Glanz –
gilt mir werter als aller Götter ewig währendes Glück.

Denn selig aus ihm leuchtet mir Siegfrieds Liebe,
Siegfrieds Liebe!
O, ließ' sich die Wonne dir sagen![172]
Sie – wahrt mir der Reif.

Geh' hin – zu der Götter heiligem Rat!
Von meinem Ringe raune ihnen zu:
die Liebe ließe ich nie, mir nähmen nie sie die Liebe,
stürzt' auch in Trümmern Walhalls strahlende Pracht!

Da sie erkennt, dass ihre Sachargumente nicht wirken, appelliert Waltraute an das Herz ihrer Schwester.

(Waltraute.)
Dies deine Treue?
So in Trauer entlässest du lieblos die Schwester?

Auch dieser Appell verpufft. So standhaft Siegmund ihrer Todverkündung widerstand,[173] so entschieden fordert Brünnhilde ihre Schwester auf, zu verschwinden.

(Brünnhilde.)
Schwinge dich fort, fliege zu Ross!
Den Reif entführst du mir nie!

Enttäuscht stürzt Waltraute davon. Ihr Klageruf nimmt in knappen Worten die nachfolgende Szene (*Weh' dir, Schwester!*) und andeu-

---

[171] Siehe *Walküre* Tz 884.

[172] O, könntest Du Liebesunkundige mein Liebesglück begreifen.

[173] Siehe *Walküre* Tz 838–842, 873–876, 883–888.

tungsweise den Schluss der Götterdämmerung (*Walhalls Göttern Weh!*) vorweg.

(Waltraute.)
Wehe! Wehe!
Weh' dir, Schwester!
Walhalls Göttern Weh!

Unter Sturm erhebt sich aus dem Tann eine hell erleuchtete Gewitterwolke, die sich schnell in der Ferne verliert. Brünnhilde blickt ihr nach.

(Brünnhilde.)
Blitz und Gewölk,
vom Wind getragen,
stürme dahin:
zu mir – nie steu're mehr her!

Es ist Abend geworden. Aus der Tiefe leuchtet der Feuerschein allmählich heller auf. Brünnhilde blickt ruhig in die Landschaft hinaus.

(Brünnhilde.)
Abendlich Dämmern deckt den Himmel;
heller leuchtet die hütende Lohe herauf.

Allmählich nimmt der Feuerschein zu. *Immer glühendere Flammenzungen lecken über den Felsensaum* des Felsplateaus. Verwundert notiert Brünnhilde die Veränderung.

(Brünnhilde.)
Was leckt so wütend die lodernde Welle zum Wall?
Zur Felsenspitze wälzt sich der feurige Schwall.

Aus der Tiefe hört man Siegfrieds Hornruf. Brünnhilde lauscht und fährt entzückt auf. Nicht länger Wotan, Siegfried ist ihr neuer Gott.

(Brünnhilde.)
Siegfried!
Siegfried zurück!
Seinen Ruf sendet er her!
Auf! Auf! Ihm entgegen!
In meines Gottes Arm!

Das Bekenntnis verklammert mehrere Motivstränge der Tetralogie. Zunächst bewahrheitet sich Wotans Verdikt im dritten Aufzug der *Walküre*, wonach Brünnhilde die Götter endgültig verlassen wird.[174] Dazu bestätigen Brünnhildes Worte die gerne belächelte Eifersucht, die Wotan im Finale des *Siegfried*[175] bewegte. Schließlich steckt in Brünnhildes Worten eine vorweggenommene Erklärung für ihren kommenden Verrat an Siegfried: weil Siegfried ihr neuer *Gott* ist, wird – etwas pathetisch ausgedrückt – mit Siegfrieds Verrat für Brünnhilde nicht nur eine Welt, sondern der Himmel einstürzen. Das wird ihren (selbst)zerstörerischen Hass auf Siegfried auslösen.

Brünnhilde *eilt in höchstem Entzücken* zum Rand des Walkürenfelsens. Aus den Flammen, die dort *heraufschlagen*, springt Siegfried in Gunthers Gestalt auf einen *hochragenden Felsstein* empor. Sogleich weichen die Flammen zurück und leuchten nur noch in der Tiefe. Siegfried trägt den Tarnhelm, der bis zur Hälfte sein Gesicht verdeckt und nur die Augen freilässt. Brünnhilde flieht entsetzt in den Vordergrund und starrt Siegfried *in sprachlosem Erstaunen* an.

(Brünnhilde.)
Verrat!
Wer drang zu mir?

Siegfried verweilt, regungslos auf seinen Schild gelehnt, auf dem hohen Stein und betrachtet Brünnhilde.[176] Nach langem Schweigen spricht er sie mit verstellter Stimme in Gunthers tieferer Stimmlage an.

(Siegfried.)
Brünnhild'!
Ein Freier kam,
den dein Feuer nicht geschreckt.
Dich werb' ich nun zum Weib:
du folge willig mir!

---

[174] Siehe *Walküre* Tz 1224–1228, 1231–1240, 1259–1264.

[175] Siehe *Siegfried* Tz 1498–1501.

[176] Betätigt sich Wagner sonst gerne als Meister im Weglassen, übernimmt er an dieser Stelle bis ins Detail regiehafte Vorgaben aus dem 23. Gesang der *Völsungen-Saga*: *Sigurd stand aufrecht auf dem Fels, stützte sich auf den Schwertgriff und sagte zu Brynhild.*

Obwohl Brünnhilde alles weiß, was sie wissen muss, um Siegfrieds Tarnung zu durchschauen, – wie sie weiß, kann allein der stärkste Held, also allein Siegfried, den schützenden Feuerwall überwinden – ist sie ratlos. Was sie dem Eindringling *heftig zitternd* entgegenhält, zeigt, dass sie mehr weiß, als sie in ihrem Schreck begreift. Denn auf Brünnhildes furchtsame Frage gibt es nur eine richtige Antwort: Siegfried natürlich!

(Brünnhilde, heftig zitternd.)
Wer ist der Mann, der das vermochte,
was dem Stärksten nur bestimmt?

Auf die Drohung des Eindringlings mit roher Gewalt

(Siegfried.)
Ein Helde, der dich zähmt –
bezwingt Gewalt dich nur.

verliert sich Brünnhilde, *von Grausen erfasst*, in einer abseitig wirkenden Phantasterei. Ein Adler, beklagt Brünnhilde, sei gekommen, sie zu zerfleischen. Was übersteigert wirkt, ist die abgemilderte Übertragung eines antiken Sagenmotivs in die *Realität des Seelischen.*[177] Auf Brünnhilde, die Wagner in verschiedener Hinsicht mit Zügen des antiken Prometheus versieht, wirkt der getarnte Eindringling wie der Adler, der in Aischylos' Prometheus-Drama den Titelhelden bei lebendigem Leibe zerfleischt. Bei Wagner zerfleischt der Eindringling zwar nicht Brünnhildes Leib, wohl aber ihr seelisches Gleichgewicht.

(Brünnhilde.)
Ein Unhold schwang sich auf jenen Stein!
Ein Aar kam geflogen, mich zu zerfleischen!
Wer bist du, Schrecklicher?

(Siegfried – schweigt.)

Stammst du von Menschen?
Kommst du von Hellas[178] *nächtlichem Heer?*

---

[177] So treffend: Wolfgang Schadewaldt, *Richard Wagner und die Griechen*, S. 372.

[178] (Göttin der) Hölle.

Nach längerem Schweigen stellt sich Siegfried – erneut in dessen Stimmlage – als brautwerbender Gunther vor. Er beginnt mit bebender Stimme, gewinnt dann aber Sicherheit.

(Siegfried.)
Ein Gibichung bin ich, –
und Gunther heißt der Held,
dem – Frau, du folgen sollst!

Brünnhilde bricht in Verzweiflung aus. Sie befürchtet, Wotan werde sie nun doch so bestrafen, wie er das im dritten Aufzug der *Walküre* ursprünglich angekündigt hatte[179].

(Brünnhilde.)
Wotan!
Ergrimmter, grausamer Gott!
Weh'! Nun erseh' ich der Strafe Sinn!
Zu Hohn und Jammer jagst du mich hin!

Siegfried springt herab und tritt näher. Souverän mimt er den werdenden Bräutigam.

(Siegfried.)
Die Nacht bricht an: –
in deinem Gemach – musst du dich mir vermählen!

In ihrer Verzweiflung erinnert sich Brünnhilde an den Ring. Drohend streckt sie ihn dem Eindringling entgegen. Wie Brünnhilde darauf verfällt, der Ring könne sie wirksam schützen, erklärt sie nicht. An erster Stelle kommt in Frage, dass sie Siegfrieds Abschiedsworte im Ohr hat, wonach der Ring Kraft verleihen kann.[180]

(Brünnhilde.)
Bleib' fern!
Fürchte dies Zeichen!

---

[179] Siehe *Walküre* Tz 1243–1248, 1367–1371, 1398–1401.

[180] Siehe Tz 116–120. Weniger plausibel wirkt, dass Brünnhildes Hoffnung auf einem ihr verbliebenen Rest ihres göttliches Vielwissens beruht. Denn dann würde Brünnhilde wohl auch wissen, dass der Ring physisch zwingende Macht nur über die Nibelungen verleiht, mit denen der Eindringling offensichtlich keinerlei Ähnlichkeit hat.

Zur Schande zwingst du mich nicht,
so lang' der Ring mich beschützt.

Siegfried weiß nicht genug über den Ring, um sich zu fürchten. An den Ring erinnert er sich so wenig[181] wie daran, dass und wofür er ihn Brünnhilde schenkte. Rollengetreu erklärt er den Ring zu Gunthers Ehering.

(Siegfried.)
Mannesrecht gebe er Gunther:
durch den Ring sei ihm vermählt!

Verzweifelt beschwört Brünnhilde die Zauberkraft des Rings. Dabei unterlaufen Brünnhilde ein verzeihlicher Irrtum und ein folgenreicher Fehler.

(Brünnhilde.)
Zurück, du Räuber!
Frevelnder Dieb!
Erfreche dich nicht, mir zu nahn!
Stärker als Stahl macht mich der Ring:
nie – raubst du ihn mir!

Der Irrtum: Brünnhilde überschätzt die Zauberkraft des Rings. Physisch unwiderstehliche Macht verleiht der Ring dem Ringträger allein gegen die Nibelungen.[182] Der Fehler: mit dem Schlüsselwort „*raubst*“ zitiert Brünnhilde das Stichwort, das im *Rheingold* schon die Götter zum Ring-Raub verführte.[183] Dem Sog dieser Versuchung erliegt jetzt auch Siegfried. Mit dem – insoweit zutreffenden – Hinweis, Brünnhilde habe ihn dies gelehrt und ihn zum Raub angestiftet,

(Siegfried.)
Von dir ihn zu lösen,
lehrst du mich nun!

---

[181] Anders am Folgetag; siehe Tz 812–816.

[182] Siehe *Rheingold* Tz 632–644, 732–736, 738–741, 749–751, *Siegfried* Tz 329–336, *Götterdämmerung* Tz 193 und Richard Wagner, *Die Wibelungen*, GSD II, S. 133 sowie *Der Nibelungen-Mythos*, GSD II, S. 156; Torsten Meiwald, *Randbemerkungen*, S. 33f.

[183] Siehe dazu *Rheingold* Tz 487.

dringt Siegfried auf Brünnhilde ein. Sie ringen miteinander. Brünnhilde windet sich los und flieht. Siegfried setzt ihr nach und holt sie ein. Sie ringen heftig miteinander. Schließlich fasst Siegfried Brünnhildes Hand und nimmt ihr den Ring gewaltsam ab. Brünnhilde schreit heftig auf.[184] Als sie *wie zerbrochen in seinen Armen niedersinkt, streift ihr Blick wie bewusstlos Siegfrieds Augen.* Er lässt die Machtlose auf eine Steinbank vor dem Felsengemach niedergleiten. Dann fordert er sie auf, ihm ins Gemach zu folgen.

(Siegfried.)
Jetzt bist du mein.
Brünnhilde, Gunthers Braut –
gönne mir nun dein Gemach!

Brünnhilde starrt ohnmächtig vor sich hin. Wehrlos ergibt sie sich.[185]

(Brünnhilde.)
Was könntest du wehren, elendes Weib!

Mit einer gebieterischen Geste treibt Siegfried Brünnhilde an. *Zitternd und wankenden Schrittes* geht sie ins Gemach. Was dort nächtens geschehen wird, gibt der Text an dieser Stelle[186] nicht verlässlich preis. Doch die Musik verrät es: Siegfried bleibt ein treuer Brautwerber. Im Orchester unterlegt durch das *Schwert*-Motiv, das *Vertrags*-Motiv und das *Blutsbrüder*-Motiv kündet Siegfried mit seiner natürlichen Stimme an, wie er die Nacht verbringen will und

---

[184] Die Szene erinnert an Wotans gewaltsamen Übergriff gegen Alberich im *Rheingold*, dort Tz 922–928.

[185] Brünnhildes im aktuellen Ring-Text nicht restlos überzeugende Resignation übernahm Wagner aus der Strophe 679 des *Nibelungenlieds*: *Wenn sie auch weiterhin versucht hätte, Widerstand zu leisten, was hätte das nützen können?* Im großen *Prosaentwurf Siegfrieds Tod* hob Wagner deutlicher als im finalen Text der Tetralogie hervor, dass Brünnhilde neben ihrem *heiligen Wissen* auch ihre *hohe Kraft* an Siegfried verlor: *Die Walküren (immer näher kommend): „Brünhild! Brünhild! Verlorene Schwester! Gabst du nun hin deine hohe Kraft?" – Brünhild: „Ich gab sie Siegfried, der mich gewann." Die Walküren: – „Gabst du nun hin dein heiliges Wissen, die Runen, die dich Wotan gelehrt?"- Brünhild: „Ich gab sie Siegfried, den ich liebe."*

[186] Siehe dazu Brünnhildes Klarstellung in ihrem Schlussgesang in Tz 1363–1365.

wird: er zieht Nothung und legt das Schwert zwischen sich und Brünnhilde.[187]

(Siegfried.)
Nun, Nothung,
zeuge du, dass ich in Züchten warb.
Die Treue wahrend dem Bruder,
trenne mich von seiner Braut!

Siegfried folgt Brünnhilde ins Gemach. Der Vorhang fällt.

---

[187] So auch in den *Heldenliedern der älteren Edda* (Das kurze Sigurdlied, Strophe 4): *Der Mann aus dem Süden legte ein Schwert, eine verzierte Waffe, zwischen sie; er küsste die Frau nicht.* Übereinstimmend lautet die Darstellung in der *Edda des Snorri Sturluson* (Die Sprache der Dichtkunst) im 41. Gesang: *Gunnar sollte durch die Waberlohe reiten. Er hatte das Pferd, das Goti heißt, aber dieses Pferd wagte nicht, ins Feuer zu laufen. Darauf tauschten Sigurd und Gunnar ihre Gestalten und ihre Namen, denn Grani wollte unter keinem anderen Mann gehen als unter Sigurd. Der sprang auf und ritt durch die Waberlohe. In der Nacht teilte er mit Brynhild das Brautlager. Aber als sie sich ins Bett legten, zog er das Schwert Gram aus der Scheide und legte es zwischen sie.*

Zweiter Aufzug

(Uferraum vor der Halle der Gibichungen)

Den einfachen Gegensatz zwischen Gut und Böse finden wir im Ring so wenig wie in der eddischen Mythologie.[188]

Erste Szene

Es ist Nacht. In der gleichen Haltung, in der er Siegfried und Gunther bei deren Abreise zum Walkürenfelsen nachblickte, sitzt Hagen schlafend vor der Halle der Gibichungen. Er hält seinen Speer im Arm, sein Schild liegt neben ihm. Plötzlich tritt der Mond hervor und wirft ein grelles Licht auf Hagen und seine nächste Umgebung. *Man gewahrt Alberich* vor *Hagen kauernd, die Arme auf dessen Knie gelehnt.* Alberichs Auftaktfrage

(Alberich.)
Schläfst du, Hagen, mein Sohn? –
Du schläfst, und hörst mich nicht,
den Ruh' und Schlaf verriet?

wird den Dialog zwischen Vater und Sohn mit schlafwandlerischer Monotonie durchziehen. Nicht nur dieses Detail spricht dafür, die ganze Szene als einen (Alb-)Traum Hagens zu deuten.[189] Neben Hagens rätselhafter Aufforderung, Alberich möge zu seinem Schlaf sprechen *(was hast du meinem Schlaf zu sagen?)*, fällt auf, dass Alberich gemäß den in solchen Details eher übergenauen Regieanwei-

---

[188] Torsten Meiwald, *Randbemerkungen*, S. 136.

[189] Pierre Boulez bezeichnete diese Szene als *eine Art ungeheurer Projektion ins Außerzeitliche und Außerräumliche*, *Der Ring 1976–1980,* S. 35. Ähnlich meint Roger Scruton, *Ring of Truth,* S. 131, Alberich erschiene *wie in einem Traum*. Für eine Traumdeutung der ganzen Szene plädierte Wagner, der die Begegnung von Vater und Sohn *für einen der vollendetsten Teile* des Gesamtwerkes hielt und während der Proben zur Bayreuther Uraufführung im Jahr 1876 verlangte, dass Alberich in dem *gespenstisch-traumhaften Zwiegespräch als kaum sichtbares Gespenst nur flüstern darf;* Richard Wagner, *Ein Rückblick auf die Bühnenfestspiele des Jahres 1876,* GSD X, S. 113f. In diesem Sinne sehen und hören wir in dieser Szene geträumte Reflexionen Hagens über seinen abwesenden Vater Alberich.

sungen Wagners in dieser Szene weder auftreten noch abtreten soll. Am Anfang der Szene soll man Alberich *gewahren*, am Schluss der Szene soll Alberich optisch und akustisch ausgeblendet werden (*wie er allmählich immer mehr dem Blicke entschwindet, wird auch seine Stimme immer unvernehmbarer*), bis Alberich, ohne sich zu bewegen, *gänzlich verschwunden* ist. Ebenfalls für einen reflektierenden Traum des zum heimtückischen Mord entschlossenen Hagen sprechen die Struktur und der Inhalt des Dialogs, der, gemessen an den Verszeilen in Wagners Textausgabe (16 Verszeilen für Hagen gegenüber 83 Verszeilen für Alberich) nahezu ein Monolog des geträumten Alberich ist. Überhaupt nur als Traumerscheinung Hagens sinnvoll zu verstehen ist die Passage, in der Alberich erklären wird, dass Hagen für ihn bloß ein Werkzeug sei, um den Ring zurückzugewinnen.[190] So spricht nicht nur kein Vater zu seinem Sohn; so spricht auch kein nur halbwegs vernunftbegabter Übeltäter zu einem Verbündeten, der – wie Hagen für Alberich – noch unentbehrliche Dienste leisten soll. Schließlich spricht für ein Verständnis der Szene als einen frühere Vater-Sohn-Begegnungen resümierenden Traum Hagens, dass Alberich zwar überwiegend das Wort führt, aber nichts von sich gibt, was er Hagen nicht schon bei früherer Gelegenheit eindringlich mitgeteilt haben muss, um Hagen zur Entwicklung des Plans zu bewegen, den dieser seit seinem ersten Auftritt mit allem Nachdruck und großer Raffinesse verfolgt. Der kunstvolle Rückgriff auf das Traumformat ermöglicht es Wagner, auf engstem Raum nebeneinander drei verschiedene Perspektiven darzustellen: Hagens eigene Sicht auf Alberich, Alberichs (von Hagen rekapitulierend vermutete) Sicht auf Hagen und schließlich Hagens Sicht auf Alberichs vermutetes Bild von Hagen. Das Ergebnis dieser doppelten Spiegelung ist wesentlich aufschlussreicher und, weil Hagens Innensicht auf Alberich frei von jeder Rücksicht auf den Zuhörer anklingen kann, auch wesentlich bewegender, als ein Wachgespräch der beiden Protagonisten ausfallen könnte.

In Alberichs zweiter Eingangsfrage (*Du schläfst, und hörst mich nicht, den Ruh' und Schlaf verriet?*) schwingen Neid und Bedauern mit. So entspannt, wie er Hagen vorfindet, würde der geträumte Alberich auch gerne wieder einmal ruhen. Durch seine Flüche[191] hat Alberich jede Ruhe und jeden Schlaf eingebüßt. Alberich ist

---

190 Siehe Tz 617–623.

191 Den Liebesfluch, siehe *Rheingold* Tz 223 und den Ringfluch, siehe *Rheingold* Tz 936–951.

nicht nur der Urheber der beiden handlungsbestimmenden Flüche, er ist auch deren erstes und prominentestes Opfer. Niemanden sonst treibt die Gier nach dem Ring so quälend und unerbittlich kräftezehrend um wie Alberich.[192] – Ohne sich zu regen und mit starr geöffneten Augen antwortet Hagen dem Geträumten. Seine Anrede des geträumten Vaters mit *schlimmer Albe* ist ein erster Fingerzeig auf das ambivalente Vater-Sohn-Verhältnis: Hagen und Alberich sind Verbündete und tödliche Rivalen zugleich. Denn beide haben das gleiche Ziel und beide wissen, dass nur einer von ihnen als Sieger wird ins Ziel gelangen können. Hier und im Folgenden antwortet Hagen laut Wagners Regieanweisung wie in Trance *leise, ohne sich zu rühren*, so dass er *immerfort zu schlafen scheint, obwohl er die Augen offen hat.*

(Hagen.)
Ich höre dich, schlimmer Albe:[193]
was hast du meinem Schlaf zu sagen?

Alberich eröffnet das Traumgespräch mit einer – vermutlich schon oft geäußerten – väterlichen Mahnung: Hagen soll seine Talente nutzen. Diese Aufforderung ist keine von anspornender Vaterliebe geprägte, uneigennützige Ermutigung eines talentierten Sohnes, sondern der Auftakt zu einer eigennützigen Erinnerung des Träumers an die Aufgaben, die der Geträumte dem Träumer schon bei dessen Zeugung zugedacht hat. Der geträumte Alberich erinnert den träumenden Hagen daran, dass dieser seine Existenz allein den Aufgaben verdankt, die er für Alberich erledigen soll. Dazu enthält die Mahnung eine Anspielung des Träumers auf die (eigene) besondere Herkunft[194] und die für einen Nibelungen ungewöhnlichen Stärken. Dank seiner königlichen Menschenmutter ist Hagen für einen Nibelungen ungewöhnlich kräftig und klug.[195] Schließlich enthält die geträumte Mahnung eine selbstbewusste Antwort des Träumers auf die Zurücksetzungen, die er wegen seiner unehelichen Geburt in der höfischen Gesellschaft auf Gibichungen Tag für Tag hinnehmen muss, will er diese Gesellschaft nicht verlassen.[196]

---

[192] Siehe *Rheingold* Tz 943f.

[193] *Alb* steht – im Unterton meist herablassend oder feindselig – für Alberich, siehe *Rheingold* Tz 886.

[194] Siehe Tz 156f.

[195] Siehe Tz 159 und 582.

[196] Siehe Tz 156f. und 375–379.

(Alberich.)
Gemahnt sei der Macht, der du gebietest,
bist du so mutig, wie die Mutter dich mir gebar!

Mit dem mahnenden Kompliment des Geträumten unterstreicht der Träumer einen Zwiespalt: Hagen mag seiner Mutter für ihre käufliche Hingabe an Alberich nicht danken. Er leidet an seiner unfrohen Wesensart und an seinem Hass auf die frohen Menschen, die ihn umgeben.[197]

(Hagen.)
Gab mir die Mutter Mut,
nicht mag ich ihr doch danken, dass deiner List sie erlag:
frühalt, fahl und bleich, hass' ich die Frohen,
freue mich nie!

Was Hagen bedrückt, hört der geträumte Alberich gern. In Hagens Hass auf die Frohen sieht Alberich das Ziel seiner Erziehung erreicht, und wohl auch ein Spiegelbild des eigenen Charakters.[198] Denn Hass und Neid sind Alberichs Triebfedern, seit er den Ring schmiedete und vor allem, seit er den Ring verlor. Mit diesen Triebfedern will Alberich den Ring zurückgewinnen. Seit Siegfried durch seinen Schwerthieb Wotan entmachtete, scheint Alberich dieses Ziel endlich wieder in greifbare Nähe gerückt. Jetzt ist Wotan kein ernstzunehmender Gegner mehr.[199] Nichts von alledem kann für Hagen Neuigkeitswert haben; sonst hätte er seinen verwickelten Plan nicht wie geschehen entwerfen können.

(Alberich.)
Hagen, mein Sohn!
Hasse die Frohen!
Mich Lustfreien, Leidbelasteten, liebst du so, wie du sollst!

Bist du kräftig, kühn und klug:
die wir bekämpfen mit nächtigem Krieg,
schon gibt ihnen Not unser Neid.[200]

---

[197] Siehe Tz 350 und 375–379.

[198] Siehe *Rheingold* Tz 737–747.

[199] Macht über die Nibelungen verlieh Wotan allein sein Weltenspeer; siehe *Siegfried* Tz 798–801.

[200] Schon bereitet unser Hass ihnen Schwierigkeiten.

Der einst den Ring mir entriss,
Wotan, der wütende Räuber,
vom eig'nen Geschlechte ward er geschlagen:

an den Wälsung[201] *verlor er Macht und Gewalt:*
mit der Götter ganzer Sippe in Angst ersieht er sein Ende.
Nicht ihn fürcht' ich mehr: fallen muss er mit allen!

Schläfst du, Hagen, mein Sohn?

Ohne sich zu rühren, lenkt der Träumer das Gespräch auf die machtpolitische Kernfrage der Tetralogie: wer erbte die Macht, die Wotan durch Siegfrieds Schwerthieb verlor?

(Hagen.)
Des Ewigen Macht, –
wer erbte sie?

Versteht man die Frage punktgenau, so hat der geträumte Alberich sie soeben bereits beantwortet: Wotan verlor seine Macht an Siegfried. Doch mehr als die Neuigkeiten der vergangenen Tage bewegt den Träumer die offene Frage, wer Wotans Weltherrschaft nach Siegfried erben wird.[202] Hagen weiß, dass Alberich den Ring und die Weltherrschaft begehrt. Und er rechnet damit, dass Alberich, soweit es um den Ring geht, nicht davor zurückscheuen wird, dem eigenen Sohn mehr zu versprechen, als er halten kann oder will.[203] Darum legt Hagen dem Geträumten erst eine aufrichtige Antwort und unmittelbar darauf eine gelogene Korrektur in den Mund: zunächst erklärt der geträumte Alberich, dass er den Ring für sich selbst haben will; erst nach einer kurzen, aber vernehmlichen Sprechpause korrigiert sich der Geträumte heuchelnd dahin, dass er die Welt gemeinsam mit Hagen beherrschen wolle, wenn Hagen seinen Kummer und seinen Zorn teile und ihm treu dienen werde.

(Alberich.)
Ich – und du!
Wir erben die Welt, –

---

[201] Siegfried.

[202] Siehe *Rheingold* Tz 734–736 und 738–747.

[203] Siehe dazu Alberichs zweckvolle Lüge gegenüber Fafner in *Siegfried* Tz 863–865.

trüg'[204] *ich mich nicht in deiner Treu',*
teilst du meinen Gram und Grimm.

Nach dieser Vorbemerkung scheint der Geträumte zur Tagesordnung überzugehen. Alberich berichtet von Wotans Begegnung mit Siegfried, von den Folgen dieser Begegnung für die Machtbalance auf Erden und davon, dass der Ringfluch Siegfried nichts anhaben könne, solange Siegfried den Ring nicht benutze.[205] Was wie eine redundante Wiedergabe bekannter Fakten wirkt, beleuchtet eine für die Machtbalance zwischen Anstifter und Werkzeug zentrale Einsicht des Träumers: der sich im Gespräch gerne überlegen gerierende Alberich kann sein zentrales Ziel nicht ohne Hagens Mitwirkung erreichen. Solange Siegfried den Ring nicht zum Schaden Dritter einsetzt, spricht wenig dafür, dass Siegfried fluchgerecht von fremden Neidern getötet werden wird.[206] Wenn Hagen den väterlichen Mordauftrag nicht eigenhändig ausführt, wird Siegfried als stärkster Held weit und breit daher nicht sterben und Alberich den Ring nicht zurückgewinnen. Was nach seinem Dafürhalten geschehen oder durch Hagen noch getan werden muss, damit der Ringträger Siegfried stirbt, behält der Geträumte für sich.

---

[204] Täusche.

[205] In dieser Hinsicht beurteilen der geträumte Alberich und Wotan die Weltlage übereinstimmend. Was dem geträumten Alberich an dieser Stelle Sorge bereitet, war kürzlich Wotans Hoffnung (siehe *Siegfried* Tz 1391–1396): gegenüber einem Ringbesitzer, der weder Habgier noch Furcht kennt, halten Alberich und Wotan den Ringfluch für wirkungslos (näher dazu die Erläuterungen in *Siegfried* nach Tz 1396). Lässt man sich auf diese Beurteilung ein, so eröffnet sich die Frage, was – wenn nicht der Ringfluch – Siegfrieds Tod verursachen wird. Denn in seiner Begegnung mit den Rheintöchtern wird Siegfried kurz vor seinem Tod demonstrieren, dass ihn Macht und Reichtum so wenig locken, wie ihn Gefahren für Leib und Leben schrecken (siehe Tz 1078–1083, 1099–1101 und 1105–1118). Darum ist interessant, wie der Drahtzieher von Siegfrieds Tod, der geträumte Alberich, die Weltlage in diesem Punkt beurteilt. Der Textdichter macht es spannend. In Tz 607 ist der geträumte Alberich kurz davor, sein Geheimnis zu lüften, bricht aber vorzeitig ab. Die Antwort folgt kurz darauf in Tz 621–623: weder eine schicksalhafte Entwicklung des Weltgeschehens noch ein magischer Fluch oder eigene Macht- oder Goldgier Siegfrieds, sondern der *zähe Hass*, zu dem Alberich Hagen erzog, werden Siegfried scheitern und sterben lassen. Blickt man unter diesem Eindruck auf das *Rheingold* zurück, ist es nach Wagners Vorstellung wohl weniger der Ringfluch als der Liebesfluch, der Siegfried scheitern und sterben lässt.

[206] Siehe *Rheingold* Tz 939 und 948.

(Alberich.)
Wotans Speer zerspellte der Wälsung,
der Fafner, den Wurm, im Kampfe gefällt,
und kindisch den Reif sich errang;
jede Gewalt hat er gewonnen:
Walhall und Nibelheim neigen sich ihm.

An dem furchtlosen Helden erlahmt selbst mein Fluch;
denn nicht kennt er des Ringes Wert,[207]
zu nichts nützt er die neidlichste Macht.
Lachend, in liebender Brunst, brennt er lebend dahin.
Ihn zu verderben, taugt uns nun einzig ...

Schläfst du, Hagen, mein Sohn?

Als Hagen dem Geträumten ohne nähere Erläuterung – warum auch sollte Hagen dem Geträumten näher darlegen, was dieser selbst am besten weiß? – versichert, dass er Siegfrieds Tod bereits eingefädelt habe,

(Hagen.)
Zu seinem Verderben[208] *dient er mir schon.*

---

[207] Das ist ein Irrtum. Alberich hat vermutlich Wotans Aussage im Ohr (siehe *Siegfried* Tz 829), wonach Siegfried den Ring (noch) nicht kenne. Als Wotan das sagte, traf diese Aussage noch zu. Doch bereits kurz darauf klärte der Waldvogel Siegfried (vermutlich auf Wotans Geheiß) über den Ring und dessen Machtpotential auf (siehe *Siegfried* Tz 1072). Siegfried kennt also die Kräfte des Rings, an die er sich nachher selbst unter der Wirkung des Vergessenheitstranks erinnern wird (siehe Tz 1109–1111). Die selektive Erinnerung Siegfrieds ist kein Redaktionsversehen des Textdichters, sondern entspricht bis ins Detail den von Hagen beschriebenen Wirkungen der Droge. Nach Hagens Angaben (siehe Tz 212–216) tilgt die Droge einzig Siegfrieds Erinnerung an frühere Frauenbekanntschaften. Der Ringfluch und das Machtpotential des Rings haben aus Siegfrieds (naiver) Sicht nichts mit Brünnhilde zu tun. Für Siegfried war der Ring zunächst ein Symbol für seinen erfolgreichen Drachenkampf, dann für seine Liebe zu Brünnhilde (siehe *Siegfried* Tz 1126–1145 und *Götterdämmerung* Tz 116–120). Nur in einem nebensächlichen Detail erinnert sich Siegfried nicht ganz präzise: anders als Siegfried in Tz 1109 erklärt, warnte ihn Fafner nicht vor dem Ringfluch, sondern vor Mime; siehe *Siegfried* Tz 1053–1055.

[208] Tod.

setzt der Geträumte seine Ermahnungen mit Hinweisen fort, die Hagen vom realen Alberich bis zum Überdruss gehört haben wird, das Publikum aber, weil Wagner das für wichtig hält, an dieser Stelle noch einmal vernehmen soll: für Alberich wäre der Ring verloren, würde Siegfried ihn in den Rhein zurückgeben. Dieser Erinnerung an einen geläufigen Zusammenhang folgt ein erschütternder Einblick des Träumenden in das Vater-Sohn-Verhältnis. Hagen ist sich im Klaren darüber, dass Alberich ihn nur zeugte und ihn gezielt zum Hass abrichtete, um den Ring zurückzugewinnen. Hagen empfindet sich – fraglos zutreffend – als ein von Alberich mit List und Geld erkauftes, lebendiges Werkzeug im Kampf um den Ring.[209] Wohl weil er auf die treue Dienerschaft dieses lebendigen Werkzeugs angewiesen ist, lässt der Träumer den Geträumten argwöhnisch fordern, Hagen solle ihm Gehorsam schwören.[210]

(Alberich.)
Den goldnen Ring, den Reif gilt's zu erringen!
Ein weises Weib[211] *lebt dem Wälsung zu Lieb':*
riet' es ihm je, des Rheines Töchtern,
– die in Wassers Tiefen einst mich betört –
zurück zu geben den Ring:
verloren ging' mir das Gold, keine List erlangte es je.

Drum ohne Zögern ziel' auf den Reif!
Dich Zaglosen zeugt' ich mir ja,
dass wider Helden hart du mir hieltest.
Zwar stark nicht genug, den Wurm zu bestehn,
– was allein dem Wälsung bestimmt, –
zu zähem Hass doch erzog ich Hagen:
der soll mich nun rächen, den Ring gewinnen,
dem Wälsung und Wotan zum Hohn!

Schwörst du mir's, Hagen, mein Sohn?

---

209 So unerbittlich und lieblos das klingen mag, ist nicht zu verkennen, dass Alberich auch in dieser Hinsicht im Vergleich mit Wotan nur ein Nachzügler ist. Siegmund zeugte und erzog Wotan ebenfalls allein zum eigenen Machterhalt. Und sobald er im Gespräch mit Fricka erkannte, dass Siegmund nicht zum Weltenretter taugt, widmete er ihn dem Tod; siehe dazu auch: Volker Mertens, *Der Ring*, S. 86.

210 Vgl. *Walküre* Tz 553f.

211 Brünnhilde.

Ab hier bedeckt *ein immer finsterer werdender Schatten* Alberich. Zugleich beginnt das erste Tagesgrauen. Hagens Antwort an den Geträumten ist eine Spiegelung von Alberichs eigenen Absichten – und das Zeugnis einer Emanzipation des ausersehenen Helfers zum selbstbestimmten Täter: Hagen will den Ring nicht (mehr) für Alberich erobern, sondern für sich selbst. Den vom Geträumten verlangten Schwur lässt Hagen darum ausfallen. Und wohl etwas mutiger, als er dem Vater leibhaftig antworten würde, empfiehlt Hagen dem Geträumten, Alberich möge ruhig abwarten.

(Hagen.)
Den Ring soll ich haben:
harre in Ruh'!

Als der geträumte Alberich kraftloser nachhakt, als wir den wachen Alberich auf der Bühne erlebt haben, leistet Hagen zwar einen Schwur – jedoch nicht für Alberich, sondern für sich selbst.

(Alberich.)
Schwörst du mir's, Hagen, mein Held?

(Hagen.)
Mir selbst schwör' ich's:
schweige die Sorge!

Während Alberichs Gestalt *immer mehr dem Blicke entschwindet, wird auch seine Stimme immer unvernehmbarer.*

(Alberich.)
Sei treu, Hagen, mein Sohn!
Trauter Helde – sei treu!
Sei treu!
Treu!

Alberich ist gänzlich verschwunden. Hagen, der unverändert in seiner Stellung verblieben ist, blickt regungslos und starren Auges zum Rhein, auf dem sich die Morgendämmerung ausbreitet.

Die Welt der Götterdämmerung ist eine Welt, in der es einem schwerfällt, noch an irgendetwas zu glauben.[212]

Zweite Szene

Immer stärker erglühendes Morgenrot färbt den Rhein. Plötzlich tritt Siegfried dicht am Flussufer mit dem Tarnhelm auf dem Kopf, doch in eigener Gestalt, hinter einem Busch hervor. Als er Hagen vor der Halle sitzen sieht, grüßt er den Schläfer mit dessen eigenem Ruf.

(Siegfried.)
Hoioh! Hagen!
Müder Mann!
Siehst du mich kommen?

Hagen erhebt sich gemächlich, während Siegfried den Tarnhelm, der ihn in Sekundenschnelle vom Walkürenfelsen zurückbrachte, abnimmt und in seinen Gürtel hängt. Hagen wundert sich über Siegfrieds frühe Rückkehr und, dass er ihn nicht kommen sah. Ein wichtiges Detail bedenken Wagners sonst bis in Nebensächlichkeiten gerne übergenauen Regieanweisungen und – schon eher verständlich – auch Hagen mit keinem Wort: Siegfried trägt den Ring, den er Brünnhilde am Vorabend abnahm und der schwer zu übersehen ist. Klug geht Hagen zur Tagesordnung über. Dass er den Ring an Siegfrieds Hand sehr wohl bemerkt und aus dieser Beobachtung geistesgegenwärtig die richtigen Schlüsse gezogen hat, signalisiert in der kommenden Szene sein diskreter Hinweis an die Mannen.[213]

(Hagen.)
Hei! Siegfried!
Geschwinder Helde!
Wo brausest du her?

Von der eigenen Reisegeschwindigkeit beeindruckt, erklärt Siegfried, dass der Atem, mit dem er Hagen soeben rief, noch vom

---

[212] Patrice Chéreau, *Der Ring 1976–1980*, S. 124.

[213] Siehe Tz 755f.

Walkürenfelsen – Siegfried bezeichnet den Felsen in seiner Teilamnesie ungeahnt treffend als *Brünnhildenstein* – stammt.

(Siegfried.)
Vom Brünnhildenstein:
dort sog ich den Atem ein, mit dem ich dich rief,
so schnell war meine Fahrt.
Langsamer folgt mir ein Paar, zu Schiff gelangt das her!

Siegfrieds zauberschneller Rückflug und die gemächliche Schiffsreise des Brautpaares interessieren Hagen nicht. Sein Interesse gilt allein dem Ergebnis der für den eigenen Plan essenziellen Brautwerbung.

(Hagen.)
So zwangst du Brünnhild'?

Ebenso wie Hagen hat auch Siegfried nur sein eigenes Ziel im Sinn. Er übergeht Hagens Frage und erkundigt sich nach Gutrune. Erst in ihrer Gegenwart will er vom Ausgang seiner Reise berichten. Maßvoll freundlich ruft Hagen Gutrune herbei.

(Siegfried.)
Wacht Gutrune?

(Hagen.)
Hoiho! Gutrune!
Komm' heraus!
Siegfried ist da: was säumst du drin?

(Siegfried.)
Euch beiden meld' ich, wie ich Brünnhild' band.

Als Gutrune aus der Halle hinzutritt, erwidert Siegfried ihren artigen Gruß distanzlos mit der Nachricht, sie sei jetzt seine Frau.

(Siegfried zu Gutrune.)
Heiß' mich willkommen, Gibichskind!
Ein guter Bote bin ich dir.

(Gutrune.)
Freia grüße dich zu aller Frauen Ehre!

(Siegfried.)
Frei und hold sei nun mir Frohem!
Zum Weib gewann ich dich heut'.

Etwas befremdlich verliert Gutrune zu dieser Nachricht kein Wort. Ist ihre Vorfreude auf den *herrlichsten Bräutigam*[214] bereits wieder verflogen, leidet sie, wie das Nibelungenlied berichtet, an mädchenhafter Schüchternheit[215] oder wirkt ihre Verunsicherung durch Hagens zurechtweisenden Blick am Vortag noch nach? Das erfahren wir nicht. Gutrunes Reaktion klingt, als wäre ihr der Heiratsplan ihres königlichen Bruders wichtiger als der eigene künftige Familienstand.

(Gutrune.)
So folgt Brünnhild' meinem Bruder?

Das verblüffende Desinteresse der Heiratskandidatin gibt dem Textdichter dankbar Raum, eine pikante Implikation der stellvertretenden Brautwerbung näher zu beleuchten. Dabei spielt Wagner virtuos mit dem unterschiedlichen Wissensstand der Personen auf der Bühne. Gutrune kennt zwar Hagens Idee, dass Siegfried die Brautwerbung für Gunther übernehmen soll.[216] Doch war sie nicht zugegen, als die Blutsbrüder die Stellvertretung und den Einsatz des Tarnhelms verabredeten.[217] Vielleicht ein wenig naiv hält Gutrune die gelungene Brautwerbung deshalb zunächst für eine veritable Leistung ihres Bruders. Auf ihre Frage, ob Brünnhilde dem Bruder folge, bestätigt Siegfried – nicht frei von angedeutetem Eigenlob und begleitet von dem verräterischen Hinweis, dass die Braut für Gunther *gefreit ward* – den erfolgreichen Ausgang der Flussreise.

(Siegfried.)
Leicht ward die Frau ihm gefreit.

Noch in Unkenntnis des (naheliegenden) Rollentauschs ist Gutrune um Gunthers Wohlbefinden besorgt.

---

[214] Siehe Tz 205–208, 219, nach Tz 293 und 365.

[215] Siehe dazu das *Nibelungenlied*, 10. Aventiure, Strophe 612: *Sie schämte sich etwas in ihrer mädchenhaften Schüchternheit.*

[216] Siehe Tz 194–219.

[217] Siehe die Regieanweisung nach Tz 304 sowie den Dialog in Tz 318–329.

(Gutrune.)
Sengte das Feuer ihn nicht?

Bemerkenswert frei und unbefangen legt Siegfried den Rollentausch und den mit Gunther verabredeten Damenhandel *(ich durchschritt es für ihn, da dich ich wollt' erwerben)* offen. Dass er den Blutsbruder damit blamiert, scheint Siegfried zu entgehen – oder stört ihn das nicht? Wie, um die Blamage des Blutsbruders ein wenig zu mildern, erklärt Siegfried, Gunther hätte die Feuerprobe bestimmt ebenfalls unversehrt überstanden – ein Attest, das die Dinge recht besehen nicht besser macht. Denn statt kluger Einsicht in die Grenzen der eigenen Kräfte bescheinigt Siegfried dem Blutsbruder hiermit übertriebene Feigheit.

(Siegfried.)
Ihn hätt' es auch nicht versehrt;
doch ich durchschritt es für ihn,
da dich ich wollt' erwerben.

Allmählich beginnt Gutrune, die Rollenverteilung auf dem Walkürenfelsen und deren Implikationen zu erfassen.

(Gutrune.)
Doch dich hat es verschont.

Im Hochgefühl seines Erfolgs tut Siegfried als angenehme Kleinigkeit ab, was nach allem, was wir wissen, einzig ihm gelingen konnte.

(Siegfried.)
Mich freute die schwebende Brunst.

Siegfrieds stolzer Bericht hat eine von ihm nicht bedachte Schattenseite, der Gutrune nun mit weiblichem Instinkt behutsam und zielstrebig nachgeht.

(Gutrune.)
Hielt Brünnhild' dich für Gunther?

Siegfried scheint nicht zu ahnen, worauf die Frage zielt. Stolz preist er, wie es ihm gelang, Brünnhilde mit dem Tarnhelm zu täuschen.[218]

---

[218] Später (siehe Tz 900f.) wird sich Siegfried in dieser Hinsicht nicht mehr sicher sein. Der Text lässt offen, ob Siegfried an dieser Stelle ge-

(Siegfried.)
Ihm glich ich auf ein Haar:
der Tarnhelm wirkte das, wie Hagen tüchtig es wies.

Siegfrieds von Hagen mit kräftigem Eigenlob

(Hagen.)
Dir gab ich guten Rat.

bestätigter Stolz verstärkt Gutrunes Unruhe – die exakt den Punkt betrifft, der nach Brünnhildes Ankunft in Gibichungen die weitere Handlung des zweiten Aufzugs maßgeblich bestimmen wird. Gutrunes nächste Frage

(Gutrune.)
So zwangst du das kühne Weib?

ist auf „*du*" zu betonen. Die richtige Betonung unterstreicht, mit welcher Selbstverständlichkeit Gutrune voraussetzt, dass die Brautwerbung mit Zwang verbunden war. Siegfrieds zögerlicher und zwiespältiger Erklärungsversuch (ahnt er inzwischen, worauf Gutrune hinauswill?) nährt Gutrunes Unbehagen.

(Siegfried.)
Sie wich – Gunthers Kraft.

(Gutrune.)
Und vermählte sie sich dir?

Auf Siegfrieds erneut erstaunlich arglose Antwort

(Siegfried.)
Ihrem Mann gehorchte Brünnhild' eine volle bräutliche Nacht.

---

genüber Gutrune ein wenig dick aufträgt oder ob ihm erst durch Brünnhildes Vorhalt in Tz 810f., nicht Gunther, sondern Siegfried habe ihr den Ring bei der Brautwerbung entrissen, Zweifel an der Perfektion seiner Tarnung kommen. Warum Siegfrieds spätere Zweifel etwas für sich haben, werden wir in Tz 927–929 von Brünnhilde erfahren. Sie will Siegfried trotz seiner Tarnung am markanten Wotansblick (siehe dazu *Walküre* Tz 65f., 230–237, 339–343, 352–354, *Siegfried* Tz 380–383 und *Götterdämmerung* Regieanweisung nach Tz 559) erkannt haben. Offen bleibt, warum sie Siegfried dann nicht auf dessen wahre Identität ansprach.

rückt Gutrune endlich im Klartext mit ihren Bedenken heraus.

(Gutrune.)
Als ihr Mann doch galtest du?

Jetzt begreift auch Siegfried. Doch seine Antwort, eine zeitlos beliebte Ausrede, macht die Dinge nicht besser. Nicht, wo seine Gedanken weilten, wo er selbst in der vergangenen Nacht ruhte, will Gutrune von ihm wissen.

(Siegfried.)
Bei Gutrune weilte Siegfried.[219]

(Gutrune.)
Doch zur Seite war ihm Brünnhild'?

Begleitet von einer Erklärung, die sein – tatsächlich redliches – Verhalten[220] in unseren Ohren eher verdunkelt als erhellt, zeigt Siegfried beim Wort „Nord" auf Nothung.

(Siegfried.)
Zwischen Ost und West – der Nord:
so nah' – war Brünnhild' ihm fern.

Die kryptische Aussage stellt Gutrune zufrieden. Sie hat verstanden, was Siegfried ihr mitteilen will: zwischen Brünnhilde (Ost) und Siegfried (West) lag in der Nacht der Brautwerbung das kalte, tödliche Schwert Nothung (Nord). Wie das Orchester die für Kenner nordischer Sagen unmittelbar einleuchtenden Angaben Siegfrieds kommentiert (*Treue*-Motiv, *Schwert*-Motiv, *Vertrags*-Motiv, *Blutsbrüderschaft*-Motiv), belegt für geschulte Ohren, dass Siegfried die reine Wahrheit spricht. Auf Gutrunes Folgefrage, wie Gunther die Braut von Siegfried übernahm, erklärt Siegfried, dass Brünnhilde ihm am frühen Morgen zum Strand folgte und er dort den Platz an ihrer Seite heimlich mit Gunther tauschte.

(Gutrune.)
Wie empfing Gunther sie nun von dir?

---

219 Das soll wohl heißen: Meine Gedanken waren die ganze Nacht bei dir.

220 Siehe dazu Siegfrieds Selbstgespräch in Tz 564–567, die Regieanweisung vor Tz 564 sowie Brünnhildes Erklärung in Tz 1363–1365.

(Siegfried.)
Durch des Feuers verlöschende Lohe[221],
im Frühnebel vom Felsen folgte sie mir zu Tal;
dem Strande nah, flugs die Stelle tauschte Gunther mit mir:
durch des Geschmeides Tugend[222] *wünscht' ich mich schnell hieher.*

Ein starker Wind nun treibt die Trauten den Rhein herauf.
Drum rüstet jetzt den Empfang!

Nun weicht Gutrunes eifersüchtige Sorge rückhaltloser Bewunderung.

(Gutrune.)
Siegfried!
Mächtigster Mann!
Wie fasst mich Furcht vor dir!

Hagen, der von einer Anhöhe den Rhein hinabspäht, entdeckt in der Ferne das Segel von Siegfrieds Schiff mit dem königlichen Brautpaar.

(Hagen.)
In der Ferne seh' ich ein Segel!

(Siegfried.)
So sagt dem Boten Dank!

In einem Eifer, den manche als oberflächlich empfinden,[223] will Gutrune ihrer angehenden Schwägerin einen herzlichen Empfang bereiten, damit diese *heiter und gern* auf Gibichungen *weile*. Gutrune selbst will *frohe Frauen* zum Hochzeitsfest rufen und bittet Hagen, gleiches mit Gibichs Mannen zu tun.

(Gutrune.)
Lasset uns sie hold empfangen,
dass heiter sie und gern hier weile!

---

[221] Diese Beobachtung Siegfrieds deckt sich nicht ohne weiteres mit Brünnhildes Erinnerung, die in ihrem Schlussgesang Wert darauf legen wird, dass Wotans Raben auf ihrem Rückflug nach Walhall am Walkürenfelsen vorbei *fahren*, um Loge, der dort noch lodere, nach Walhall zu weisen (siehe Tz 1401–1405).

[222] Mithilfe des Tarnhelms.

[223] So etwa Volker Mertens, *Der Ring*, S. 128.

Du, Hagen, minnig rufe die Mannen
nach Gibichs Hof zur Hochzeit!
Frohe Frauen ruf' ich zum Fest,
der Freudigen folgen sie gern.

Die freundliche Begleitung von Gutrunes Aufruf durch das Orchester und deren weiteres Verhalten sprechen für beste Absicht.[224] Zwar kennt Gutrune die verabredete Stellvertretung. Doch von Siegfrieds Drohungen und Handgreiflichkeiten gegen Brünnhilde weiß Gutrune nichts. Überhaupt hat sie im Sinne der Sitten und Gebräuche ihrer Zeit keinen Anlass anzunehmen, dass die Brautwerbung konfliktreich verlief. Immerhin ist der Brautwerber als *weit am Rhein gerühmter*[225] König eine erstklassige Partie. Für Gutrune sind die Dinge daher vorerst im Lot. Dementsprechend banal fallen die Schlussworte des bürgerlichen Hochzeitspaares aus.

(Gutrune zu Siegfried.)
Rastest du, schlimmer Held?

Siegfried reicht Gutrune die Hand und geht mit ihr in die Halle.

(Siegfried.)
Dir zu helfen, ruh' ich aus.

---

[224] So wird Gutrune Brünnhilde nachher aus dem Brautzug einladend zuwinken; siehe die Regieanweisung nach Tz 1025. Wie hier: Heinrich Porges, *Bühnenproben*, Götterdämmerung, S. 15, wonach sich *Gutrunes von allen Zweifeln* (über den Verlauf der vergangenen Nacht) *befreites Gemüt einer jubelnden Freude hingibt.*

[225] Siehe Tz 242–244.

> *Nur was Wechsel hat, ist wirklich: wirklich sein, leben – heißt: gezeugt werden, wachsen, blühen, welken und sterben: ohne Notwendigkeit des Todes keine Möglichkeit des Lebens; kein Ende hat nur das, was keinen Anfang hat – anfangslos ist aber nichts Wirkliches, sondern nur das Gedachte.*[226]

Dritte Szene

Hagen hat im Hintergrund einen erhöhten Felsen bestiegen. Dort stößt er kraftvoll in ein großes Stierhorn, um Gibichs Krieger (*Mannen*) herbeizurufen. Weil Hagen entweder nicht anders kann oder nicht anders will, klingt sein Ruf nicht nach Hochzeit, sondern nach Krieg. Weniger konsequent als Hagen betätigt sich an dieser Stelle der Komponist. Entgegen entschiedener eigener Kunstüberzeugung[227] lässt Wagner die Mannen im Chor auftreten.

(Hagen.)
Hoiho! Hoiho-hoho!
Ihr Gibichs-Mannen, machet euch auf!
Wehe! Wehe!
Waffen! Waffen!

Waffen durch's Land!
Gute Waffen!
Starke Waffen!
Scharf zum Streit!

Not ist da!
Not! Wehe! Wehe!
Hoiho! Hoiho-hoho!

Hagen bläst abermals das Stierhorn. Auf verschiedenen Höhenpfaden stürmen in Hast und Eile gewaffnete Mannen herbei; erst einzelne, dann immer mehrere zusammen. Sie sammeln sich auf dem Uferraum vor der Halle der Gibichungen.

---

226 *Brief an August Röckel* vom 25./26. Februar 1854.

227 Richard Wagner, *Oper und Drama* (Teil 2), GSD IV, S. 162: *Selbst der bisher in der Oper verwendete Chor wird ... in unserem Drama zu verschwinden haben.*

(Die Mannen, im Wechsel wiederkehrend.)
Was tost das Horn?
Was ruft es zu Heer?
Wir kommen mit Wehr.
Wir kommen mit Waffen!
Hagen! Hagen!
Hoiho! Hoiho!

Welche Not ist da?
Welcher Feind ist nah?
Wer gibt uns Streit?
Ist Gunther in Not?
Wir kommen mit Waffen, mit schneidiger Wehr.
Hoiho! Ho! Hagen!

Von der Anhöhe herab fordert Hagen die Mannen auf, sich zu bewaffnen, um Gunther zu empfangen, der eine Frau gefreit habe.

(Hagen.)
Rüstet euch wohl, und rastet nicht!
Gunther sollt ihr empfahn: ein Weib hat der gefreit.

Auf die naheliegende Rückfrage der Mannen, ob Gunther wegen der Brautwerbung ein feindlicher Angriff drohe, erklärt Hagen doppeldeutig, dass Gunther eine gefährliche *(freisliche)* Braut heimführe.[228]

(Die Mannen.)
Drohet ihm Not?
Drängt ihn der Feind?

(Hagen.)
Ein freisliches Weib führet er heim.

Wohl weil nach ihrem Verständnis selbst von einer gefährlichen Braut keine Kriegsgefahr ausgehen kann, erkundigen sich die Mannen, ob vielleicht die Verwandtschaft der Braut dem Paar in feindlicher Absicht folgt.[229] Als Hagen auch das verneint, vermuten die Mannen in Frageform, dass Gunther den Kampf mit der feindseligen Verwandtschaft der Braut bereits siegreich bestanden habe.

---

[228] Zur Bedeutung von *freislich* siehe auch *Walküre* Tz 1418 und *Siegfried* Tz 953.

[229] Siehe *Walküre* Tz 141–153.

(Alle Mannen.)
Ihm folgen der Magen[230] *feindliche Mannen?*

(Hagen.)
Einsam fährt er, keiner folgt.

(Die Mannen.)
So bestand er die Not?
So bestand den Kampf?
Sag' es an!

Statt klarzustellen, dass ein Kampf weder stattgefunden hat noch bevorsteht, spielt Hagen in seiner Antwort in einem nur ihm selbst verständlichen Hintersinn mit dem Begriff *Not*. Anders, als die Fragen der Mannen gemeint waren, bezieht Hagen Gunthers *Not* nicht auf einen äußeren Feind, sondern ironisch auf Gunthers (den Mannen noch unbekanntes) Unvermögen, die gewählte Braut aus eigener Kraft zu werben.

(Hagen.)
Der Wurmtöter wehrte der Not:
Siegfried, der Held, der schuf ihm Heil![231]

Auf zunehmend ratlose Nachfragen der Mannen, was sie unter solchen Gegebenheiten denn als Heer noch unternehmen können oder sollen,

(Die Mannen, im Wechsel.)
Was soll ihm das Heer nun noch helfen?
Was hilft ihm nun das Heer?

löst Hagen die Verwirrung mit der höhnischen Ermunterung auf, die Mannen möchten den Göttern zu Ehren Tiere schlachten und die Trinkhörner füllen, damit Fricka *gute Ehe* gebe. Die Aufforderung enthält beißenden Götter-Spott. Denn Hagen hat die Machtlosigkeit der Götter erkannt[232] und erbittet deren Segen für eine Ehe, die nach seinen Plänen für das königliche Brautpaar in die Katastrophe und für die Götter in den Untergang führen soll.

---

[230] Die Verwandtschaft der Braut.

[231] Siegfried löste Gunthers Problem mit der Brautwerbung. Indirekt gibt Hagen damit öffentlich preis, dass Gunther die hochgepriesene Brautwerbung durch Siegfried erledigen ließ.

[232] Siehe Tz 585–590.

(Hagen.)
Starke Stiere sollt ihr schlachten;
am Weihstein fließe Wotan ihr Blut.

(Mehrere Mannen, im Wechsel.)
Was, Hagen, was heißest du uns dann?
Was soll es dann?

(Hagen.)
Einen Eber fällen sollt ihr für Froh;
einen stämmigen Bock stechen für Donner:
Schafe aber schlachtet für Fricka, dass gute Ehe sie gebe!

Offenbar darauf getrimmt, sehr kleinteilig Befehle zu empfangen und zu befolgen, erkundigen sich die Mannen – immerhin mit zunehmend *ausbrechender Heiterkeit* – Schritt für Schritt danach, welcher Handgriff ihnen als nächster gestattet wird.

(Die Mannen, im Wechsel.)
Schlugen wir Tiere, was schaffen wir dann?

(Hagen.)
Das Trinkhorn nehmt, von trauten Frau'n
mit Met und Wein wonnig gefüllt!

(Die Mannen.)
Das Trinkhorn zur Hand,
wie halten wir es dann?

(Hagen.)
Rüstig gezecht,
bis der Rausch euch zähmt:
Alles den Göttern zu Ehren, dass gute Ehe sie geben!

Der ungewohnt frohe Befehl, *rüstig bis zum Rausch zu zechen*, löst bei den Mannen schallendes Gelächter aus. Von dieser Seite kannten sie ihren grimmigen Anführer noch nicht.

(Die Mannen.)
Groß Glück und Heil lacht nun dem Rhein,
da Hagen, der Grimme, so lustig mag sein!
Der Hagedorn sticht nun nicht mehr:
zum Hochzeitrufer ward er bestellt.

Hagen, der durchweg sehr ernst geblieben ist, dämpft ohne äußeren Anlass die allgemeine Heiterkeit. Von der Anhöhe herabgestiegen, tritt er unter die Mannen und ruft sie mit für ihn untypischer Fürsorge auf, *rasch* Rache zu üben, sollte sich ergeben, dass Brünnhilde *ein Leid* widerfuhr.[233] Keinem der Mannen fällt die fein dosierte Inkonsistenz dieses Appells auf. Wer Anlass empfindet, zu *rascher Rache* aufzurufen, weiß in der Regel mehr, als dass unbestimmtes *Leid* droht.

(Hagen.)
Nun lasst das Lachen, mut'ge Mannen!
Empfah't[234] *Gunthers Braut:*
Brünnhilde naht dort mit ihm.
Hold seid der Herrin, helfet ihr treu:
traf sie ein Leid, rasch seid zur Rache!

Hagen wendet sich zur Seite. Einige Mannen entdecken von der Höhe, wie der Nachen mit Gunther und Brünnhilde auf dem Fluss naht.

(Einige Mannen, im Wechsel.)
Heil!

(Alle Mannen.)
Willkommen!
Heil!

[233] Hagen legt sich nicht fest, ob dieser Aufruf auf die nach Siegfrieds Bericht zwanghafte Brautwerbung (siehe Tz 644, 649 und 667f.), auf Siegfrieds Vermählung mit Gutrune (siehe Tz 653f.) oder auf den Ring zielt, den Hagen inzwischen an Siegfrieds Hand bemerkt haben wird.

[234] Empfangt.

Es ist nicht möglich, dass ich je wieder etwas meinem ‚Nibelungenwerk' ähnliches konzipiere oder gar ausführe: es ist das volle und üppige Hauptwerk meines Lebens, und schon in dem Gedichte glaube ich, der Nation ein Werk geschenkt zu haben, das ich mit Stolz ihr auch auf die Zukunft empfohlen halten darf.[235]

Vierte Szene

Gunther steigt mit Brünnhilde aus dem Kahn. Die Mannen reihen sich ehrerbietig zum Empfang des königlichen Brautpaars. Gunther geleitet Brünnhilde *feierlich an der Hand.* Hagen hält sich im Hintergrund.

(Die Mannen.)
Heil dir, Gunther!
Heil dir und deiner Braut!
Heil sei Gunther, dir und deiner Braut!
Willkommen!

Tosend schlagen die Mannen ihre Waffen zusammen. Unverhohlen stolz präsentiert Gunther seine Braut mit Hagens Etikett als *edelste Frau der Welt.*[236] Mit Brünnhilde an seiner Seite, gibt sich Gunther zuversichtlich, werde der Ruhm der Gibichungen künftig alle anderen Geschlechter überragen. Das Erscheinungsbild der so gepriesenen Braut steht in bizarrem Kontrast zu Gunthers Worten. Brünnhilde *folgt ihm bleich und gesenkten Blickes*. Doch die Mannen scheinen Gunthers Worten mehr zu trauen als den eigenen Augen. Sie gratulieren Gunther zu seinem Glück. Von der Qualität eines freudschen Versprechers ist Gunthers im Passiv gehaltener Hinweis auf seine *gewordene* Brautwerbung.[237] Kein Zuhörer auf der Bühne nimmt Notiz von dieser schönen Nuance.

---

[235] Richard Wagner, *Brief an den Verlag Breitkopf und Härtel* vom 10. Juli 1856.

[236] Siehe Tz 170.

[237] Verräterisch passivisch war schon Siegfrieds Ausdrucksweise in Tz 656.

(Gunther.)
Brünnhild', die hehrste Frau, bring' ich euch her zum Rhein.
Ein edleres Weib ward nie gewonnen.
Der Gibichungen Geschlecht, gaben die Götter ihm Gunst,
zum höchsten Ruhm rag' es nun auf!

(Die Mannen, feierlich
an die Waffen schlagend.)
Heil dir, glücklicher Gibichung!

Gunther geleitet Brünnhilde, die ihren Blick konstant gesenkt hält, zur Halle. Von dort kommen dem königlichen Brautpaar, von Frauen begleitet, Siegfried und Gutrune entgegen. In seinem Stolz auf die ruhmfördernde Brautwerbung scheint Gunther die gedrückte Stimmung Brünnhildes zu entgehen – oder spielt er darüber hinweg? Kurz vor der Halle hält Gunther an und begrüßt die Entgegenkommenden. Der artige Willkommensgruß entzündet den finalen Strudel der *Götterdämmerung*.

(Gunther.)
Gegrüßt sei, teurer Held;
gegrüßt, holde Schwester!
Dich seh' ich froh ihm zur Seite, der dich zum Weib gewann.
Zwei sel'ge Paare seh' ich hier prangen:
Brünnhild' – und Gunther,
Gutrun' – und Siegfried!

Als Siegfrieds Name fällt, schlägt Brünnhilde erschrocken die Augen auf. Erstaunt starrt sie Siegfried an. Gunther, der Brünnhildes heftig zitternde Hand losgelassen hat, sowie alle Anwesenden sind betroffen über Brünnhildes Benehmen.

(Einige Mannen, im Wechsel.)
Was ist ihr?
Was ist ihr?
Ist sie entrückt?

Siegfried geht ruhig einige Schritte auf Brünnhilde zu und erkundigt sich emotionslos, was die fremde Frau, die am ganzen Leib zittert, irritiert.

(Siegfried.)
Was müht Brünnhildens Blick?

Kaum ihrer mächtig bringt Brünnhilde stammelnd hervor:

(Brünnhilde.)
Siegfried ... hier?
Gutrune ...?

Weiterhin emotionslos und in einem Ton, als spräche er zu einem Kind, erklärt Siegfried, dass er mit Gutrune ebenso verheiratet sei wie Brünnhilde mit Gunther.

(Siegfried.)
Gunthers milde Schwester,
mir vermählt, wie Gunther du.

Siegfrieds freundliche, von ihr jedoch als *überaus kalt empfundene Gelassenheit*,[238] erschüttert Brünnhilde.

(Brünnhilde.)
Ich ...?
Gunther ...?
Du lügst! –
Mir schwindet das Licht ...

Brünnhilde schwankt und droht umzusinken. Siegfried, der ihr am nächsten steht, stützt sie. Matt und leise spricht Brünnhilde in Siegfrieds Armen ratlos vor sich hin.

(Brünnhilde.)
Siegfried ... kennt mich nicht? ...

So verständnislos wie arglos vermutet Siegfried eine vorübergehende Unpässlichkeit der fremden Frau und ruft deren Ehemann (Gunther) herbei.

(Siegfried, zu Gunther.)
Gunther, deinem Weib ist übel!
Erwache, Frau!
Hier steht dein Gatte.

Als Siegfried bei diesen Worten auf Gunther zeigt, entdeckt Brünnhilde an seiner Hand den Ring und *schreckt mit furchtbarer Heftigkeit auf*.

---

[238] So Wagner im *Prosaentwurf Der Nibelungen-Mythos*, GSD II, S. 161.

(Brünnhilde.)
Ha! ...
Der Ring ... an seiner Hand!
Er ...?
Siegfried ...?

Brünnhilde steht vor einem Rätsel. Wie kommt der Ring, den ihr am Vorabend, wie sie meint, Gunther abnahm, an Siegfrieds Hand? Vor einem anderen Rätsel stehen die Mannen und Frauen. Sie verstehen nicht, was die Königsbraut so erregt.

(Einige Mannen und Frauen.)
Was ist?
Was ist?

Hagen tritt aus dem Hintergrund unter die Mannen und lenkt deren Aufmerksamkeit in die gewünschte Richtung: alle sollen gut zuhören, was Brünnhilde gleich beklagen wird.

(Hagen.)
Jetzt merket klug, was die Frau euch klagt!

Hinter diesen Worten verbirgt sich eine taktische Meisterleistung Hagens, die in Wagners Text etwas kurz kommt. Man bedenke: nach Siegfrieds Auskunft am Vortag durfte Hagen annehmen, dass Brünnhilde und damit *ein schwaches Weib* den Ring trägt. Von seinem auf der Bühne nicht offen ausgesprochenen Plan, dem *schwachen Weib* den Ring abzunehmen, musste sich Hagen nach Siegfrieds Rückkehr vom Walkürenfelsen still und schnell verabschieden. Denn seit der vergangenen Nacht trägt nicht länger Brünnhilde, sondern Siegfried den Ring. Der Ring kann daher nicht mehr einem *schwachen Weib*, sondern muss dem *stärksten Helden der Welt* abgenommen werden. Hagens diskreter Hinweis an seine Mannen signalisiert, dass Hagen schnell begriffen und umdisponiert hat. Statt den Ring mit leichter Hand einem *schwachen Weib* abzunehmen, soll Siegfried mit ungewollter Unterstützung Brünnhildes in aller Öffentlichkeit als meineidiger Betrüger vorgeführt werden. – Brünnhilde versteht hingegen vieles nicht. Wie konnte gestern ein Fremdling das Feuer durchdringen, das nach Wotans zaubermächtiger Vorgabe einzig Siegfried überwinden kann?[239] Unklar ist ihr auch, wie es Gunther gelingen konnte, ihr den Ring abzunehmen.

---

[239] Siehe Tz 401–410, 529f. und *Walküre* Tz 1402–1408, 1415–1418, 1428–1434.

Und nun begegnet sie Siegfried, der sie augenscheinlich vergessen und eine andere Frau geheiratet hat. Schließlich ist ihr ein Rätsel, wie Siegfried den Ring tragen kann, den ihr gestern – wie sie meint – Gunther abnahm. Laut Wagners Regieanweisung *hält Brünnhilde gewaltsam ihre schrecklichste Aufregung* über diese und weitere Fragen zurück. Auf der Spur zur Wahrheit zwingt sie sich, Siegfried äußerlich gelassen zu befragen, wie er den Ring von Gunther erhielt.

(Brünnhilde.)
Einen Ring sah ich an deiner Hand;[240]-
nicht dir gehört er, ihn entriss mir –
(auf Gunther deutend.)
dieser Mann.

Wie mochtest von ihm den Ring du empfahn[241]*?*

Nun ist Siegfried ratlos. Dass er Brünnhilde den Ring in der vergangenen Nacht gewaltsam abnahm, ist ihm, wie das Orchester begleitend mit dem *Vergessenheits*-Motiv souffliert, drogenbedingt entfallen. Siegfried erinnert sich vorerst nur daran, dass er den Ring – wie zutrifft – nicht von Gunther bekam.

(Siegfried,
aufmerksam den Ring betrachtend.)
Den Ring empfing ich nicht von ihm.

Manche wollen Siegfrieds ausweichender Erklärung entnehmen, dass er sich mit Rücksicht auf Gunther scheue, den für den Blutsbruder blamablen Rollentausch bei der hoch gepriesenen Brautwerbung offenzulegen. Für solche Rücksicht spricht nicht viel. Das *Vergessenheits*-Motiv im Orchester passt schlecht zu einer den Blutsbruder reflektiert schonenden Schwindelei. Auch der weitere Handlungsverlauf spricht gegen eine schonende Ausrede. In wenigen Augenblicken wird Siegfried den Rollentausch ungeniert offenlegen. Aus anderen Gründen ratlos als Siegfried ist Gunther. Er hat den Ring noch nie gesehen und noch nie besessen. Darum gerät er in arge Verlegenheit, als Brünnhilde ihn – aus ihrer Sicht nur folgerichtig – auffordert, den Ring, den (vermeintlich) Gunther in der

---

[240] Siehe *Rheingold* Tz 885 und 1031.
[241] Empfangen.

vergangenen Nacht ihr gegenüber zu seinem Ehering erklärte,[242] von Siegfried als sein Eigentum zurückzufordern.

(Brünnhilde, zu Gunther.)
Nahmst du[243] *von mir den Ring, durch den ich dir vermählt*[244]*;*
so melde ihm[245] *dein Recht, fordre zurück das Pfand!*

Gunther ist völlig überfordert. An den von Hagen im Vorgespräch der Halbgeschwister (erste Szene des ersten Aufzugs) gar nicht und in der Begrüßungsszene mit Siegfried (zweite Szene des ersten Aufzugs) nur beiläufig erwähnten Ring[246] hat er bis dahin keinen Gedanken verschwendet. Und selbst wenn er an den Ring gedacht hätte: wie hätte Gunther ahnen können, dass Siegfried Brünnhilde den Ring anlässlich der Brautwerbung abnimmt und für sich behält? Darum höchstens ein wenig begriffsstutzig, im Übrigen aber nur ehrlich und verständlich kann Gunther keinen Grund erkennen, warum er Siegfried auffordern sollte, ihm den Ring auszuhändigen. Verwirrt und etwas ideenlos hofft Gunther, dass irgendwie eine Verwechslung vorliegen möge.

(Gunther, in großer Verwirrung.)
Den Ring?
Ich gab ihm[247] *keinen: –*
doch kennst du ihn[248] *auch gut?*

Gunthers Antwort provoziert Brünnhildes nächste und sehr naheliegende Frage: wo hat Gunther den Ring, den er ihr gestern abnahm?[249]

(Brünnhilde.)
Wo bärgest du den Ring, den du von mir erbeutet?

---

242 Siehe Tz 551f.
243 Gunther.
244 Siehe Tz 551f.
245 Siegfried.
246 Siehe Tz 177–195 und 278–281.
247 Siegfried.
248 Den Ring.
249 Diese Frage übernahm Wagner sinnentsprechend aus dem 31. Gesang der *Völsungen-Saga*: *Was machtest Du mit dem Ringe, den ich dir schenkte?*

Gunther *schweigt in höchster Betroffenheit;* auf diese einfache Frage hat er keine passende Antwort. Das betroffene Schweigen des ebenso ratlosen wie beutelosen Ring-Räubers lässt Brünnhilde begreifen, dass der gestrige Raubüberfall noch schlimmer war, als sie bis dahin dachte: nicht ein Fremder hat sie in der vergangenen Nacht überwältigt und gedemütigt – es war ihr eigener und über alles geliebter Mann: Siegfried! Er muss es gewesen sein, der ihr den Ring entriss und sich dann nächtlich durch sein Schwert von ihr trennte. *Wütend fährt Brünnhilde auf.*

(Brünnhilde.)
Ha!
Dieser war es, der mir den Ring entriss:
Siegfried, der trugvolle Dieb!

Auf diesen Vorwurf richten sich die Blicke aller Anwesenden auf Siegfried. Er, so dürfen bis auf Hagen, Gunther und Gutrune alle umstehenden *Mannen und Frauen* erwarten, muss das Ring-Rätsel lösen können. Denn alle, die von der Vergessenheits-Droge nichts wissen, dürfen erwarten, dass sich Siegfried daran erinnert, ob er Brünnhilde in der vergangenen Nacht den Ring an seiner Hand abnahm. Doch in seiner Teilamnesie unternimmt Siegfried nichts, um sich gegen den Raub-Vorwurf zu verteidigen. Gedankenverloren betrachtet er den Ring an seiner Hand und erinnert sich lediglich, dass er den Ring vormals von Fafner erbeutete.

(Siegfried.)
Von keinem Weib kam mir der Reif;
noch war's ein Weib, dem ich ihn abgewann:
genau erkenn' ich des Kampfes Lohn,
den vor Neidhöhl' einst ich bestand,
als den starken Wurm ich erschlug.

Hagen und Gunther, vielleicht auch Gutrune, könnten das Ring-Rätsel auflösen. Alle drei wissen um den Vergessenheitstrank und um den Rollentausch bei der Brautentführung. Hagen[250] weiß noch mehr: da Siegfried den Ring bei seiner Ankunft in Gibichungen noch nicht trug und am Vortag auf Hagens Nachfrage glaubhaft erklärte, dass den Ring *ein hehres Weib* hüte,[251] steht für Hagen außer Frage, dass Siegfried den Ring Brünnhilde in der vergangenen

[250] Vielleicht auch Gunther.
[251] Siehe Tz 278–282.

Nacht abgenommen haben muss. Bevor denkbar seine Halbgeschwister ein zumindest ansatzweise klärendes Wort fallen lassen können, nutzt Hagen die allgemeine Verwirrung. Er tritt zwischen Siegfried und Brünnhilde und behauptet ohne nähere Begründung, dass Siegfried den Ring durch Betrug gewonnen habe und für diesen Betrug büßen müsse, falls Siegfried den Ring trage, den Brünnhilde gestern Gunther *gab*. Legt man diese Worte auf die Goldwaage, gelingt Hagen hier eine wahre Lüge. Denn tatsächlich gewann Siegfried den Ring im Schutz des Tarnhelms *durch Trug* gegenüber Brünnhilde. Der wahre Urheber dieser Täuschung ist freilich weniger Siegfried als Hagen, der Siegfrieds Teilamnesie und dessen Hilfsbereitschaft gegenüber dem Blutsbruder gezielt missbrauchte, damit Siegfried sowohl Brünnhilde als auch den Ring in seine Reichweite holt.

(Hagen.)
Brünnhild', kühne Frau!
Kennst du genau den Ring?
Ist's der, den du Gunther'n gabst, so ist er sein, –
und Siegfried gewann ihn durch Trug, –
den der Treulose büßen sollt'!

Nicht, weil sie verstanden hätte, wer hier wen und wie betrügt oder schon betrogen hat, sondern allein in der sie überwältigenden Gewissheit, dass Siegfried sie treulos für eine andere Frau verlassen und in der vergangenen Nacht unbegreiflich tief gedemütigt hat, stimmt einzig Brünnhilde dem Betrugsvorwurf *in furchtbarstem Schmerze aufschreiend* zu.

(Brünnhilde.)
Betrug! Betrug!
Schändlichster Betrug!
Verrat! Verrat!
Wie noch nie er gerächt!

Gutrune sowie die Mannen und Frauen verstehen richtigerweise nicht, wer wen verraten oder betrogen haben soll.

(Gutrune, Mannen und Frauen, durcheinander.)
Verrat?
An wem?

Für den Zuschauer – nicht die auf der Bühne, wohl aber die im Parkett und auf den Rängen – ist hingegen klar: Siegfried ist kein

Betrüger, sondern ein um einen wesentlichen Teil seiner Erinnerung und um seine Frau betrogenes Opfer. Das durchschaut Brünnhilde nicht – mit dramatischen Folgen: Brünnhildes Erschütterung über Siegfrieds vermeintlichen Verrat löst in ihr eine ähnlich abrupte und tiefgreifende Verwandlung aus wie die Vergessenheitsdroge bei Siegfried. Brünnhildes überwältigende Liebe zu Siegfried[252] schlägt aus Schmerz über seinen angenommenen Verrat in fürchterlichsten Rachedurst[253] um. Die Urheber ihres irdischen Unglücks sieht Brünnhilde in den Göttern.[254] Das hält sie nicht davon ab, die Götter um einen Weg (*Rat*) und um Kraft (*Zorn*) für tödliche Rache an Siegfried zu bitten[255] – ein Gedanke, der Brünnhilde und ihr weiteres Verhalten bestimmen wird, bis die Rheintöchter sie nach Siegfrieds Tod über Hagens Verrat aufklären werden.

(Brünnhilde.)
Heilige Götter, himmlische Lenker!
Rauntet ihr diess in eurem Rat?
Lehrt ihr mich Leiden, wie keiner sie litt?
Schuft ihr mir Schmach, wie nie sie geschmerzt?

---

[252] Siehe Tz 142–145, 517–521.

[253] Siehe dazu Richard Wagner, *Der Nibelungen-Mythos*, GSD II, S. 161, Carl Dahlhaus, *Wagners Musikdramen*, S. 193: *Bei Brünnhilde schlägt rückhaltlose Liebe, die jeden anderen Gedanken auslöscht, angesichts von Siegfrieds Verrat abrupt in besinnungslosen Hass um, und der Hass verwandelt sich ebenso unvermittelt in Liebe zurück, als Brünnhilde den Trug durchschaut, dem Siegfried zum Opfer gefallen ist.* Ebenso Ernest Newman, *The Wagner Operas*, S. 616. Ein literarisches Vorbild für Brünnhildes besinnungslosen Hass fand Wagner unter anderem in den *Heldenliedern der älteren Edda* (Gripirs Weissagung, Strophe 49): *Die mächt'ge Frau wird aus Zorn und großem Kummer nicht gut gegen dich handeln;* sowie a.a.O. Oddruns Klage, Strophe 19: *Dafür ließ sie grausame Rache geschehn.*

[254] Siehe schon Tz 541–544.

[255] Inhaltlich schlüssiger, für Wagners dramaturgisches Empfinden vielleicht aber zu stark fixiert und zu eng, liest sich die Stelle noch im großen *Prosaentwurf Siegfrieds Tod*. Dort stellt Brünnhilde einen unmittelbaren Zusammenhang zwischen Siegfrieds Verrat, dem von ihr vermutetem Verrat der Götter und dem eigenen Rachebedürfnis her: *Ihr heiligen Götter! Ersannt ihr dies in eurem Rat? Nun denn, so gebet nun mir auch Kraft zur Rache! Laßt mich ihn verderben, den ihr so herrlich gerüstet, und der euch nun verräth durch Untreue u. Verrath, wie er noch nie geübt, seit ihr die Welt beherrscht.*

Ratet nun Rache, wie nie sie gerast!
Zündet mir Zorn, wie noch nie er gezähmt!
Heißet Brünnhild', ihr Herz zu zerbrechen,
den zu zertrümmern, der sie betrog!

Die Schlussverse beleuchten Brünnhildes tragischen Zwiespalt. Sie liebt und sie hasst Siegfried – beides bis zur Selbstaufgabe. Darum wird sie sich selbst zerstören, wenn sie Siegfried *zertrümmert*. Siegfried zu schonen, um sich selbst zu erhalten, ist für Brünnhilde keine Option. Wohin auch sollte das aus ihrer Sicht führen? Nach Walhall führt inzwischen kein Weg mehr zurück. Und Brünnhildes irdisches Dasein hat mit Siegfrieds Abkehr für sie jeden Sinn eingebüßt. Sinnstiftend wäre allenfalls noch eine Rückgabe des Rings an die Rheintöchter. Doch dafür ist es zu spät, seit Brünnhilde den Ring in der vergangenen Nacht an Siegfried verlor. – Gunther kann Brünnhildes verzweifelten Zorn im Ansatz nachvollziehen. Schließlich hat er an ihrer Täuschung und an ihrer Entführung einverständlich mitgewirkt. Aber Brünnhildes Ankündigung, Siegfried *zertrümmern* zu wollen, geht ihm entschieden zu weit.

(Gunther.)
Brünnhild', Gemahlin!
Mäß'ge dich!

Das Motiv für Gunthers mäßigenden Zwischenruf dürfte nicht (allein) Friedfertigkeit sein. Man bedenke: sollte Brünnhilde tun, was sie soeben ankündigte, wären Gunther und Gutrune um das einzige Ziel gebracht, das sie seit Hagens Hochzeitsanregung mit aller Macht verfolgen: den Erwerb ruhmfördernder Ehepartner.[256] Daher zumindest auch – wenn nicht sogar vorrangig – aus purem Eigennutz ruft Gunther Brünnhilde zur Mäßigung auf. Doch die versuchte Beschwichtigung führt zur Eskalation. Sah sich Gunther bislang im Lager der aktiven Betrüger, klärt ihn Brünnhilde nun auf: Gunther ist selbst Betrugsopfer. Er wurde (von Hagen) um das einzige Ziel betrogen, das er seit seinem ersten Auftritt verfolgt: seine *herrliche Braut* ist bereits verheiratet – mit Siegfried.

---

[256] Gunther und Hagen verfolgen unvereinbare Ziele. Gunther will, dass die von Hagen angeregte Doppelhochzeit stattfindet und alle miteinander in Frieden leben. Hagen will dagegen Siegfrieds und wohl auch Brünnhildes Tod, damit er den Ring bekommt – so dass die Doppelhochzeit mangels Masse ausfällt.

(Brünnhilde.)
Weich' fern, Verräter!
Selbst Verratner!

Wisset denn alle:
nicht ihm,[257]*- dem Manne dort*[258]
bin ich vermählt.

Die Mannen und Frauen trauen ihren Ohren nicht. Die vorhin von Gunther als *hehrste Frau* angepriesene Königsbraut ist bereits verheiratet – mit Siegfried, dem Brautwerber und Blutsbruder ihres Königs?[259]

(Mannen und Frauen.)
Siegfried?
Gutruns Gemahl?
Gutruns Gemahl?

In fürchterlichstem Rachedurst[260] ergänzt Brünnhilde die zutreffende Angabe ihres Familienstands um eine Erklärung, die in ihrer Ambivalenz jeden Zuhörer unwillkürlich dem eigenen Vorverständnis folgen lässt: Siegfried habe ihr *Lust und Liebe abgezwungen*.

(Brünnhilde.)
Er zwang mir Lust und Liebe ab.

Legt man Brünnhildes Worte auf die Goldwaage, ist ihre Aussage inkonsistent. Denn wahre Lust und vor allem wahre Liebe können nicht *abgezwungen* werden. Was also will Brünnhilde ihren Zuhörern mitteilen – will sie Zwang erlitten oder will sie *Lust und Liebe* erlebt haben? Was bei flüchtigem Zuhören auf beide Erfahrungen passen mag, ist in seiner Ambivalenz ein Meisterstück des Textdichters. Alle Zuhörer auf der Bühne, die – wie alle bis auf Hagen – nichts von Brünnhildes früherer Begegnung mit Siegfried wissen, können deren Worte kaum anders verstehen denn als Vorwurf,

---

[257] Sie zeigt auf Gunther.

[258] Sie zeigt auf Siegfried.

[259] Vom Bruderschwur und von der stellvertretenden Brautwerbung wissen die Mannen und Frauen an dieser Stelle noch nichts.

[260] Siehe dazu Wagner, *Der Nibelungen Mythos*, GSD II, S. 161 und in den *Heldenliedern der älteren Edda*, Das kurze Sigurdlied, Strophe 10: *Von diesem Hass ließ sie sich zum Mord hetzen.*

Siegfried habe ihr in der vergangenen Nacht Gewalt angetan.[261] Anders wirken Brünnhildes Worte, wenn man sie auf Brünnhildes erste Begegnung mit Siegfried bezieht. Dort fand Brünnhilde unter Siegfrieds (be)zwingendem Drängen nach anfänglichem Widerstand zu eigener Lust und Liebe.[262] Diese zweite Lesart, die Brünnhildes eigenem Verständnis entsprechen dürfte, passt zur Orchesterbegleitung. Dort hören wir das *Hingebungs*-Motiv.

Sobald für die Zuhörer auf der Bühne der Vorwurf im Raum steht, Siegfried habe Brünnhilde vergewaltigt und seinen Brudereid gebrochen, spricht keiner mehr vom Ring. Alle Gemüter auf der Bühne bewegt allein noch die Frage, ob Siegfried die Brautwerbung meineidig missbrauchte. Siegfried weist das zutreffend[263] zurück und appelliert fruchtlos an Brünnhilde, ihr Vorwurf entehre sie selbst. Im gleichen Atemzug entehrt Siegfried freilich seinen königlichen Blutsbruder. Denn mit seiner Verteidigung, er habe in der Nacht der Brautwerbung sein Schwert zwischen sich und Brünnhilde gelegt, macht Siegfried publik, dass Gunther die hochgepriesene Brautwerbung gar nicht selbst ausführte. In der allgemeinen Aufregung über Brünnhildes Vorwurf nimmt – trotzdem etwas seltsam – keiner der Untertanen Anstoß an der königlichen Angeberei.[264] Nur Brünnhilde wird darauf zurückkommen.[265]

(Siegfried.)
Achtest du so der eignen Ehre?
Die Zunge, die sie[266] *lästert,*
muss ich der Lüge sie zeihen?

Hört, ob ich Treue brach!
Blut-Brüderschaft hab' ich Gunther geschworen.
Nothung, das werte Schwert, wahrte der Treue Eid:
mich trennte seine Schärfe von diesem traur'gen Weib.

Brünnhildes Entgegnung fällt wiederum gekonnt doppeldeutig aus. Was sie sagt, trifft zwar objektiv zu, muss von ihren Zuhörern auf

---

[261] Dass dieser Vorwurf nicht zutrifft, wird Brünnhilde in ihrem Finalgesang klarstellen; siehe Tz 1363–1365.

[262] Siehe dazu *Siegfried* Tz 1665–1672, 1698–1712, 1747–1752 und 1765–1781.

[263] Siehe Tz 1363–1365.

[264] So auch Peter Wapnewski, *Der Ring*, S. 279.

[265] So in Tz 957–962.

[266] Brünnhildes „Frauenehre".

der Bühne im gegebenen Zusammenhang aber missverstanden werden. Brünnhilde erklärt, Nothung habe an der Wand gelehnt, als Siegfried sie freite. Das ist für die (allein Brünnhilde und Hagen bekannte, Siegfried inzwischen entfallene) Nacht von Siegfrieds eigener Brautwerbung im Finale des *Siegfried* richtig, nicht aber für die hier und jetzt in aller Öffentlichkeit umstrittene Nacht seiner stellvertretenden Brautwerbung für Gunther.

(Brünnhilde.)
Du listiger Held, sieh' wie du lügst,
wie auf dein Schwert du schlecht dich berufst!
Wohl kenn' ich seine Schärfe,
doch kenn' auch die Scheide, darin so wonnig ruht' an der Wand
Nothung, der treue Freund, als die Traute[267] *sein Herr sich gewann.*

Die Frage, wer in dieser Wechselrede in welcher Hinsicht die Wahrheit oder die Unwahrheit spricht, dürfte wie folgt zu beantworten sein: Brünnhildes Vorwurf, Siegried habe ihr *Lust und Liebe abgezwungen*, steht im Einklang mit Brünnhildes Empfindungen während ihrer ersten Begegnung mit Siegfried. So indes, wie (bis auf Hagen) alle Zuhörer auf der Bühne diesen Vorwurf verstehen müssen und denn auch tatsächlich verstehen, nämlich als Vorwurf einer Vergewaltigung in der Nacht der stellvertretenden Brautwerbung, ist Brünnhildes Erklärung objektiv unzutreffend.[268] In allen anderen Punkten kann man sowohl Brünnhilde als auch Siegfried zugutehalten, dass sie subjektiv auch insoweit die Wahrheit sprechen, als sich ihre Aussagen diametral zu widersprechen scheinen. Beide sprechen konsequent von verschiedenen Nächten. Siegfried spricht aufrichtig von der Nacht seiner stellvertretenden Brautwerbung für Gunther; die Nacht seiner eigenen Brautwerbung ist ihm durch den Vergessenheitstrank entfallen. Brünnhilde spricht hingegen von ihrer ersten Nacht mit Siegfried; das ist für sie die Nacht, *als die Traute sein Herr sich gewann.*[269] Die Nacht von Siegfrieds stellvertretender Brautwerbung für Gunther scheint Brünnhilde nicht mit Siegfried, sondern mit Gunther zu verbinden. Restlos überzeugend ist diese Verwechslung nicht. Denn Brünnhilde hat inzwischen ja durchschaut, dass nicht Gunther, sondern Siegfried die Nacht der stellvertretenden Brautwerbung mit ihr verbrachte.[270] Da

[267] Brünnhilde selbst.
[268] Siehe Tz 1363–1365.
[269] Siehe Tz 858.
[270] Siehe Tz 810f.

Brünnhildes Erinnerung an die vergangene Nacht und insbesondere an die bemerkenswerte nächtliche Schwerttrennung ungetrübt sein dürfte[271], gibt es für ihr Aussageverhalten nur eine plausible Erklärung: Brünnhilde ist – wie Wagner schrieb – *absichtlich und wider besseren Wissens auf Siegfrieds Verderben bedacht.*[272] Von den Zuhörern auf der Bühne durchschaut allein Hagen dieses Vexierspiel. Nur ihm ist bekannt, dass Brünnhilde mit Siegfried verheiratet ist und beide schon miteinander genächtigt haben.[273] Die Mannen und Frauen hingegen sind lebhaft entrüstet.

(Die Mannen und Frauen, im Wechsel.)
Wie? Brach er die Treue?
Trübte er Gunthers Ehre?
Brach er die Treue?

Auf der Bühne richten sich wieder alle Augen auf Siegfried. Gleich drei Hauptpersonen fühlen sich von ihm hintergangen: Brünnhilde

---

271 Siehe Tz 1363–1365.

272 In diesem Sinne deuten Brünnhildes Verhalten: Richard Wagner selbst in: *Der Nibelungen-Mythos*, GSD II, S. 162; Das *Nibelungenlied* in Strophe 809: *Später zerbrach die Zuneigung jäh, und das geschah aus tiefem Hass;* Ulrike Kienzle in: Udo Bermbach (Hrsg.), *Alles ist nach seiner Art*, S. 99: *Brünnhilde wird zur antiken Furie, zu einer wild verzweifelten Medea*. Ähnlich: Carl-Heinz Mann, *Gerechtigkeit für Wotan*, S. 108f. und Roger Scruton, *Ring of Truth*, S. 135 und – insbesondere zur Psychologie der Stelle – derselbe S. 286f.

273 Als Hagen in der ersten Szene des ersten Aufzugs Brünnhilde und Siegfried als geeignete Heiratskandidaten für Gunther und Gutrune vorschlug, erwähnte er (natürlich) nicht, dass beide schon miteinander verheiratet sind. Hagen erklärte zwar zutreffend, dass einzig Siegfried den schützenden Feuerwall um den Walkürenfelsen überwinden und Brünnhilde erobern kann. Dazu, ob Siegfried das bereits getan hat, verliert Hagen mit Vorbedacht aber kein Wort. Ebenso geschickt pariert Hagen den besorgten Einwand Gutrunes, dass der *herrlichste Held der Welt* wohl längst von den *holdesten Frauen der Erde* zufrieden gestellt werde. Eine Stellungnahme zu diesem Einwand lässt Hagen ausfallen. Seinen Rat, Siegfried die Vergessenheitsdroge zu verabreichen, erklärt er als reine Vorsichtsmaßnahme für den Fall, dass Siegfried vielleicht schon *ein Weib ersah* oder *je ein Weib ihm genaht*. Dass Hagen (vermutlich von Alberich) um Siegfrieds Ehe mit Brünnhilde weiß, ergibt sich aus seiner Reaktion auf Siegfrieds Hinweis, wonach dieser den Ring einem *hehren Weib* gegeben habe. Hagen nennt darauf *für sich* ohne Zögern Brünnhilde. Nur eines weiß auch Hagen nicht: ob Siegfried die Nacht der Brautwerbung meineidig missbrauchte. Das wissen allein Siegfried und Brünnhilde.

als seine legitime Gattin, Gutrune als seine (neue) Braut und Gunther gleich zweifach – als Blutsbruder und als Brünnhildes (neuer) Gatte. Gunther sieht wehleidig und zutreffend seine sonst bei jeder Gelegenheit in sorgsamer Eitelkeit gepflegte Königsehre beschädigt. Darum und nicht etwa zu Siegfrieds Ehrenrettung fordert er Siegfried auf, sich zu verteidigen.

(Gunther.)
Geschändet wär' ich, schmählich bewahrt,
gäbst du die Rede nicht ihr zurück!

Gutrune will keinen Betrüger ehelichen.

(Gutrune.)
Treulos, Siegfried, sannest du Trug?
Bezeuge, dass jene falsch dich zeiht![274]

Die Mannen fordern Klarheit durch einen reinigenden Eid.

(Die Mannen, im Wechsel.)
Reinige dich, bist du im Recht!
Schweige die Klage!
Schwöre den Eid!

Siegfried zögert nicht, der Stimme des Volkes nachzugeben. Er ist sich keiner Verfehlung bewusst. Unbefangen fragt er in die Runde, wer bereit wäre, Meineid an ihm zu rächen.

(Siegfried.)
Schweig' ich die Klage, schwör' ich den Eid, –
wer von euch wagt seine Waffe daran?

Da vermutlich alle Mannen von Siegfrieds Drachenkampf gehört haben, drängt sich keiner vor. Doch einer hat auf diesen Augenblick nur gewartet. Mit einer Reminiszenz an Wotans Schlussworte in der *Walküre* tritt Hagen vor und bietet sich als Rächer an.

(Hagen.)
Meine Speeres Spitze – wag' ich daran:
sie wahr' in Ehren den Eid!

---

[274] Bezichtigt.

Die Mannen schließen einen Ring um Siegfried und Hagen. Hagen hält seinen Speer hin. Siegfried legt zwei Finger seiner rechten Hand auf die Speerspitze und schwört, ihn möge der Tod treffen, sollte er den Bruderschwur gebrochen haben.

(Siegfried.)
Helle Wehr, heilige Waffe:
hilf meinem ewigen Eide!
Bei des Speeres Spitze sprech' ich den Eid:
Spitze, achte des Spruchs!

Wo Scharfes mich schneide, schneide du mich;
wo der Tod mich soll treffen, treffe du mich:
klagte das Weib dort wahr,
brach ich dem Bruder den Eid.

Kaum hat Siegfried seinen Eid beendet und kaum kann Gunther ein wenig Hoffnung für seine lädierte Ehre schöpfen, *tritt Brünnhilde wütend in den Ring*. Sie *reißt Siegfrieds Hand vom Speer und fasst mit der eigenen Hand die Spitze.* Sie wiederholt den ersten Teil von Siegfrieds Eidesformel, spricht dann aber keinen eigenen Eid. Vielmehr weiht sie die Wucht und segnet sie die Schärfe von Hagens Speer für den Fall, dass Siegfried einen Meineid geschworen habe. Nach beiden „Eiden“ steht damit allein Siegfrieds Leben auf dem Spiel.

(Brünnhilde.)
Helle Wehr!
Heilige Waffe!
Hilf meinem ewigen Eide!
Bei des Speeres Spitze sprech' ich den Eid:
Spitze, achte des Spruchs!

Ich weihe deine Wucht, dass sie ihn werfe!
Seine Schärfe segne ich, dass sie ihn schneide!
Denn, brach seine Eide er all,
schwur Meineid jetzt dieser Mann.

Nach einem kurzen und heftigen Aufruhr der Mannen

(Mannen, im höchsten Aufruhr.)
Hilf, Donner!
Tose dein Wetter!
Tose dein Wetter, zu schweigen die wütende Schmach!

gibt sich Siegfried leutselig, als wäre nichts weiter vorgefallen. Demonstrativ gut gelaunt verteilt er rundherum gute Ratschläge. Gunther empfiehlt er, Brünnhilde Entspannung zu gönnen, damit sie sich beruhige. Den Mannen rät er, *Weibergekeif* nicht weiter zu beachten. Gunther raunt er entschuldigend zu, es sei ihm wohl nicht gelungen, Brünnhilde bei der Brautwerbung perfekt zu täuschen.[275] Beschwichtigend und altklug fügt er hinzu, dass sich *Frauengroll* erfahrungsgemäß schnell lege und Brünnhilde ihm (Gunther) sicherlich noch danken werde, dass er (Siegfried) sie für ihn warb. Schließlich lädt er alle Umstehenden mit munteren Sprüchen zum Hochzeitsessen ein. Froh und heiter solle mit ihm feiern, wen die Liebe freut.

(Siegfried.)
Gunther! Wehr' deinem Weibe, das schamlos Schande dir lügt.
Gönnt ihr Weil' und Ruh', der wilden Felsenfrau,
dass ihre freche Wut sich lege,
die eines Unholds arge List wider uns alle erregt!

Ihr Mannen, kehret euch ab,
lasst das Weibergekeif!
Als Zage[276] *weichen wir gern, gilt es mit Zungen dem Streit.*[277]

(Dicht zu Gunther tretend.)
Glaub', mehr zürnt es mich als dich, dass schlecht ich sie getäuscht;
der Tarnhelm, dünkt mich fast, hat halb mich nur gehehlt[278].
Doch Frauengroll friedet sich bald;
dass ich dir es gewann, dankt dir gewiss noch das Weib.

(Wieder zu den Mannen.)
Munter, ihr Mannen!
Folgt mir zum Mahl!

(Zu den Frauen.)
Froh zur Hochzeit helfet, ihr Frauen!

---

[275] Anders und noch zuversichtlicher äußert sich Siegfried in Tz 664f.

[276] Feiglinge.

[277] Siehe *Walküre* Tz 401–404.

[278] Verborgen.

(Zu allen.)

Wonnige Lust lache nun auf!
In Hof und Hain heiter vor allen sollt ihr heute mich sehn.
Wen die Minne freut, meinem frohen Mute tu' es der Glückliche gleich!

In ausgelassenem Übermut schlingt Siegfried seinen Arm um Gutrune und zieht sie mit sich in die Halle fort. Die Mannen und Frauen folgen, *von Siegfrieds Beispiel hingerissen*, dem bürgerlichen Hochzeitspaar. Nur Brünnhilde, Gunther und Hagen bleiben zurück. Sie werden Siegfrieds Tod beschließen, während Siegfried ausgelassen mit den Gästen feiert.

Es ist hinreißend zu sehen, in welch ungewollter Eintracht Brünnhilde, Hagen und Siegfried – man darf sagen in Wotans Auftrag – blind gegeneinander die Götterdämmerung herbeiführen.[279]

Fünfte Szene

Gunther hat sich in tiefer Scham und furchtbarer Verstimmung mit verhülltem Gesicht abseits niedergesetzt. Grund dazu hat er genug. Allein die Enttarnung seiner gepriesenen Brautwerbung als Vertretergeschäft ist – zumal für einen stets auf sein Ansehen bedachten König – überaus blamabel.[280] Ähnlich schwer dürfte der in aller Öffentlichkeit nicht überzeugend widerlegte Missbrauch der Brautwerbung durch den Brautwerber wiegen: trägt König Gunther schon vor der Hochzeit Hörner? Und was wäre, sollte die Braut, wie diese behauptet, mit dem frisch eingetroffenen Helden tatsächlich verheiratet sein? Warum sollte die selbstbewusste Felsenfrau zur eigenen Unehre lügen? Während Gunther unter dem Gewicht solcher und ähnlicher Fragen finster vor sich hinbrütet, eröffnet Brünnhilde die Szene mit einem an die Zuschauer gerichteten Selbstgespräch. Ähnlich wie Gunther steht sie vor mehreren Rätseln. Warum hat Siegfried sie verlassen? Weiß er tatsächlich nicht mehr, wer sie ist? Oder tut er nur so? Wie könnte er sie so schnell vergessen haben? Andererseits: warum sollte Siegfried so tun, als kenne er sie nicht mehr? Und falls Siegfried sie – für Gutrune? – verlassen haben sollte, warum kehrte er dann nächtlich im Kostüm eines fremden Königs als Brautwerber zurück? Will Siegfried sie mit dem königlichen Schwächling Gunther verkuppeln – und wenn ja, warum? Und was sollte das nächtliche Schwertmanöver im Bett? Ist sie ihm derart fremd oder zuwider, dass ein Schwert ins Bett gehört? Unter dem Eindruck solcher Fragen beklagt Brünnhilde den Verlust ihrer göttlichen Weisheit. Besonders schmerzt sie, dass sie ihr göttliches Vielwissen ausgerechnet Siegfried schenkte,[281] der es nicht nutzt[282] und sie nun verriet.

---

279 Martin Gregor-Dellin, *Richard Wagner*, S. 364.

280 Siehe Tz 154f., 161, 168, 242–244, 764–767.

281 Siehe Tz 91f.

282 Siehe Tz 99f.

(Brünnhilde, nachdenklich starrend.)
Welches Unholds List liegt hier verhohlen?
Welches Zaubrers Rat regte dies auf?
Wo ist nun mein Wissen gegen dies Wirrsal?
Wo sind meine Runen gegen dies Rätsel?

Ach Jammer! Jammer!
Weh', ach Wehe!

All' mein Wissen wies ich ihm zu![283]
In seiner Macht hält er die Magd,
in seinen Banden hält er die Beute,
die, jammernd ob ihrer Schmach,
jauchzend der Reiche verschenkt![284]

Wer bietet mir nun das Schwert,
mit dem ich die Bande zerschnitt'?

Hagen tritt dicht an Brünnhilde heran. Er will und er wird das Schwert sein, das Brünnhildes *Bande* zu Siegfried zerschneidet, bevor sie seine Intrigen durchschaut. Die schwache Stelle der starken Frau hat er erkannt: Brünnhilde ist verlassen – von den Göttern, von ihrer göttlichen Weisheit und nun auch von Siegfried. So dient er sich als Rächer an.

(Hagen.)
Vertraue mir, betrog'ne Frau!
Wer dich verriet, das räche ich.

Brünnhildes reagiert unsicher. Da sie nicht weiß, wer sie verriet, fragt sie zurück, wen Hagens Rache treffen soll.

(Brünnhilde.)
An wem?

Ohne Umschweife lenkt Hagen den Rachedrang in die gewünschte Richtung.

(Hagen.)
An Siegfried, der dich betrog.

---

[283] Siehe Tz 91f. und 1124.
[284] Siehe Tz 1125f.

Der Vorschlag entspricht Brünnhildes eigenem Rachedrang,[285] berührt aber ihren unversiegten Stolz auf den *herrlichsten Helden* der Welt.[286] Abschätzig hält sie dem hilfsbereiten Mörder in spe entgegen, ein einziger Blick Siegfrieds lasse Hagens *besten Mut* versiegen. Die viel wichtigere Frage nach dem Urheber ihres Unglücks verliert Brünnhilde dabei aus dem Blick. Dafür eröffnet sie ein kleines Rätsel: als Siegfried ihr in Gunthers Gestalt nahte, will sie ihn an seinem markanten (Wotans-)Blick[287] erkannt haben. Warum sprach sie ihn nicht darauf an?

(Brünnhilde.)
An Siegfried? ... Du?

(Bitter lächelnd.)
Ein einz'ger Blick seines blitzenden Auges,
– das selbst durch die Lügengestalt leuchtend strahlte zu mir –
deinen besten Mut machte er bangen.

Hagen reagiert untypisch. Sonst die Selbstsicherheit in Person, will er sich vergewissern, ob Siegfried seinem Speer nicht durch Meineid verfallen sei. Die Frage ist insoweit berechtigt, als Hagen – anders als Brünnhilde – nicht wissen kann, ob Siegfried vorhin einen Meineid leistete. Denn nur Brünnhilde weiß, wie die vergangene Nacht verlief. Bemerkenswert ist allerdings, dass sich Hagen für dieses Detail überhaupt interessiert. Hofft der Nibelungensohn, die Götter würden seinen Anschlag fördern, falls Siegfried einen Meineid schwor?

(Hagen.)
Doch meinem Speere spart' ihn sein Meineid?[288]

Brünnhilde weicht der Frage aus. So muss sie nicht einräumen, dass Siegfried unter Eid die Wahrheit sprach, wogegen sie selbst im Eideskreis mit der Wahrheit mindestens jonglierte. Auffallend beliebig behauptet Brünnhilde, Eid und Meineid blieben sich gleich. Aus dem Mund einer Ex-Göttin, die unlängst die Welt noch vom Fluch

---

[285] Siehe Tz 834f.

[286] Siehe Tz 408–413 und *Siegfried* Tz 1603–1610.

[287] Siehe die Regieanweisung nach Tz 559: *Als sie, wie zerbrochen, in seinen Armen niedersinkt, streift ihr Blick bewusstlos die Augen Siegfrieds.* Siehe dazu auch *Walküre* Tz 66, 230–237, 339–343.

[288] Doch ist er nicht kraft seines Meineides meinem Speer verfallen? Siehe auch Tz 871–880 und 1327.

des Bösen befreien wollte, sind das erstaunliche Töne. Doch in Brünnhildes aktueller Gefühlswelt mag die Gleichung aufgehen. Nach Siegfrieds Verrat macht es für sie keinen relevanten Unterschied, ob er vorhin die Wahrheit sprach oder log. So oder so will sie ihn *zertrümmern.*[289] Und dieses Ziel, das hat sie erkannt, ist wahrheitsfrei leichter zu erreichen als wahrheitstreu. Darum hält sie die realen Kräfteverhältnisse für wichtiger als Wahrheitsfragen. Auf dieser gedanklichen Linie warnt sie Hagen, er solle sich nicht darauf verlassen, dass Meineid geeignet sei, die realen Kräfteverhältnisse in seinem Sinne zu beeinflussen.

(Brünnhilde.)
Eid und Meineid, müßige Acht!
Nach Stärk'rem späh', deinen Speer zu waffnen,
willst du den Stärksten bestehn!

Hagen versteht: einzig irdische Überlegenheit führt gegen Siegfried zum Ziel. Darum fragt er nach, ob Brünnhilde nicht ein Mittel kennt, wie Siegfried anders als im offenen Kampf besiegt werden kann.

(Hagen.)
Wohl kenn' ich Siegfrieds siegende Kraft,
wie schwer im Kampf er zu fällen;
drum raune nun du mir guten Rat, wie doch der Recke mir wich'?

Die mutige[290] Frage trifft Brünnhilde empfindlich. Sie hadert damit, dass sie Siegfried – von ihm selbst unbemerkt – mit allen ihr bekannten Zauberkünsten unverwundbar machte.[291]

(Brünnhilde.)
O Undank! Schändlichster Lohn!
Nicht eine Kunst war mir bekannt,

---

[289] Siehe Tz 835.

[290] Mutig ist die Frage, weil Hagen damit (mehr als nur) andeutet, dass er Brünnhildes Vorgeschichte mit Siegfried zumindest in Umrissen kennt. Wie sonst sollte er auf die Idee kommen, dass Brünnhilde ihm geheime Schwachstellen Siegfrieds verraten könnte.

[291] Prägnanter, aber in Wagners Augen wohl nicht hinreichend poetisch, lautete Brünnhildes Klageruf im großen *Prosaentwurf Siegfrieds Tod*: *O Undank! Schändlicher Lohn! Nicht eine Kunst war mir bekannt, deren Heil ich ihm nicht zugewandt: so segnete ich seinen kühnen Leib, unwissend duldete er mein Zauberspiel, durch das ich ihn vor Wunden wahrte.*

die zum Heil nicht half seinem Leib:
unwissend zähmt' ihn mein Zauberspiel, –
das ihn vor Wunden nun gewahrt.

Auf Hagens enttäuschte Nachfrage, ob Siegfried darum absolut unbesiegbar sei, fällt Brünnhilde doch noch eine Schwachstelle ein. Seinen Rücken schützte sie nicht. Das hielt sie für überflüssig, weil Siegfried nie vor Feinden flieht.

(Hagen.)
So kann keine Wehr ihm schaden?

(Brünnhilde.)
Im Kampfe nicht!
Doch – träfst du im Rücken ihn ....
niemals – das wusst' ich – wich' er dem Feind,
nie reicht' er fliehend ihm den Rücken: –
an ihm drum spart' ich den Segen.

Nun weiß Hagen, was zu tun ist.

(Hagen.)
Und dort trifft ihn mein Speer!

Da er von Brünnhilde erfahren hat, was er erfahren wollte, *wendet sich* Hagen *rasch von ihr ab zu Gunther*. Auch ihn will er für seinen Mordanschlag gewinnen. Höhnisch vergleicht er den sich in Selbstmitleid (*Harm*) verzehrenden *edlen Gibichung* mit dem *starken Weib* Brünnhilde.

(Hagen.)
Auf, Gunther, edler Gibichung!
Hier steht dein starkes Weib:
was hängst du dort in Harm?

Gunther *fährt leidenschaftlich auf*. Hagens Spott trifft seinen wunden Punkt. Statt des erhofften Ansehens[292] hat die hochgepriesene Braut dem Ehrsüchtigen nur Schande eingetragen.

(Gunther.)
O Schmach!
O Schande!
Wehe mir, dem jammervollsten Manne!

---

[292] Siehe Tz 168 und 764–767.

Gunthers Selbstmitleid kommt Hagen entgegen. Schonungslos nährt er den Selbstschmerz des Empfindsamen.

(Hagen.)
In Schande liegst du, leugn' ich das?

Nicht aus solchem Kalkül, sondern im Drang ihrer angestauten Gefühle hält Brünnhilde dem königlichen Trittbrettfahrer den Spiegel vor. Für sie ist Gunther ein Feigling, der Siegfrieds Talente zum eigenen Vorteil missbrauchen wollte.[293] Eine Sippe, die solche Feiglinge hervorbringt, ist in ihren Augen tief gesunken.

(Brünnhilde.)
O feiger Mann!
Falscher Genoss!
Hinter dem Helden hehltest[294] *du dich,*
dass Preise des Ruhmes er dir erränge!

Tief wohl sank das teure Geschlecht,
das solche Zagen[295] *gezeugt!*

Seit Brünnhilde erklärte, dass sie mit Siegfried verheiratet sei,[296] muss Gunther befürchten, dass er um das Ziel betrogen wurde, das er durch Betrug an Siegfried und Brünnhilde erreichen wollte.[297] Wie und durch wen das so kam, hat Gunther noch nicht durchschaut. Wie schon Brünnhilde bittet auch Gunther den eigenen Betrüger um Hilfe. Die Begründung seines Hilferufs entlarvt einmal mehr Gunthers naive Weltferne. Er beschwört die gemeinsame Mutter, von der wir wissen, wie wenig Hagen sie ob ihrer käuflichen Hingabe an Alberich schätzt.[298]

---

[293] Ein literarisches Vorbild für Brünnhildes Geringschätzung fand Wagner im 31. Gesang der *Völsungen-Saga*: *Sigurd durchritt das Feuer, denn es mangelte ihm nicht an Mut; er erschlug den Wurm und Regin (= Mime) und fünf Könige, nicht aber du, Gunnar, der du erbleichtest wie eine Leiche – du bist kein König noch Kämpe.*

[294] Verstecktest.

[295] Feiglinge.

[296] Siehe Tz 838–842.

[297] Siehe Tz 199–218, 325–329 und 862f.

[298] Siehe Tz 575–578.

(Gunther, außer sich.)
Betrüger ich – und betrogen!
Verräter ich – und verraten!
Zermalmt mir das Mark!
Zerbrecht mir die Brust!

Hilf, Hagen!
Hilf meiner Ehre!
Hilf deiner Mutter,
die mich – auch ja gebar!

Hagens Antwort trifft Gunther eiskalt.

(Hagen.)
Dir hilft kein Hirn,
dir hilft keine Hand;
dir hilft nur – Siegfrieds Tod!

(Gunther, von Grauen erfasst.)
Siegfrieds Tod!

Hagens postwendend nachgereichte Begründung[299] zielt punktgenau auf die Quelle von Gunthers Selbstmitleid: allein Siegfrieds Tod, behauptet Hagen, könne Gunthers Ehre wieder herstellen.

(Hagen.)
Nur der sühnt deine Schmach!

Gunther starrt skrupulös vor sich hin.

(Gunther.)
Blutbrüderschaft schwuren wir uns!

Elegant wendet Hagen ins Gegenteil, was Gunther Skrupel bereitet: der gebrochene Bruderschwur müsse mit Blut gesühnt werden, legt er dem Halbbruder nahe.

(Hagen.)
Des Bundes Bruch sühne nun Blut!

---

[299] Ähnlich geschickt zweistufig springt Loge im *Rheingold* mit den Göttern um; siehe dort Tz 486–489.

Gunthers berechtigte Nachfrage, ob Siegfried den Brüderschwur denn gebrochen habe,

(Gunther.)
Brach er den Bund?

pariert Hagen ebenso gekonnt wie vorhin gegenüber Brünnhilde[300] mit der zirkelschlüssigen Behauptung, dass zutreffe, was Gunther hinterfragt.

(Hagen.)
Da er dich verriet.

Als Gunther das richtigerweise in Frage stellt,

(Gunther.)
Verriet er mich?

reißt Brünnhilde das Wort an sich. Sie fühlt sich von allen und jedem verraten. Ohne ein Wort zu Gunthers triftigen Fragen zu verlieren, plädiert sie eifernd dafür, dass Siegfried stellvertretend für alle Verräter sterben müsse.

(Brünnhilde.)
Dich verriet er,[301]
und mich verrietet ihr Alle!
Wär' ich gerecht, alles Blut der Welt büßte mir nicht eure Schuld!
Doch des einen Tod taugt mir für alle:
Siegfried falle, zur Sühne für sich und euch!

Hagen will sich nicht allein auf die gewundene Logik von Brünnhildes Gefühlsausbruch verlassen. Nah zu Gunther gewandt, greift

---

300 Siehe Tz 923–926.

301 Dieser Vorwurf ist aus Brünnhildes Sicht kaum stichhaltig zu begründen. Anders als ihre beiden Zuhörer weiß sie, dass Siegfried den Bruderschwur in der Nacht der Brautwerbung nicht gebrochen hat. Aus ihrer Sicht könnte Gunther dem Blutsbruder daher allenfalls mit gewisser Berechtigung vorwerfen, dass dieser ihm mit der eigenen Ehefrau eine untaugliche Braut zuführte. Auch dieser Vorwurf würde indes nicht ganz überzeugen. Zum einen hat Siegfried (ohne, dass Brünnhilde das wissen kann) die Auswahl der Braut nicht beeinflusst; zum anderen hätte Brünnhilde Gunther während der gemeinsamen Flussfahrt auf dem Rhein über ihre hinderliche Vor-Ehe mit Siegfried aufklären können.

er zu einem Argument, von dem er sich zuverlässigere Wirkung verspricht: Gunther bekomme den Ring und *ungeheure Macht*, wenn Siegfried sterbe, verspricht Hagen.

(Hagen.)
Er falle – dir zum Heil!
Ungeheure Macht wird dir,
gewinnst von ihm du den Ring,
den der Tod ihm wohl nur entreißt.

Das Versprechen erinnert auffällig an Hagens Traum von Alberich.[302] Legt Hagen hier den Köder aus, dem er selbst verfallen ist? Wie dem auch sei: der Köder tut seine Wirkung;[303] Gunthers Machtgier ist stärker als seine Skrupel. Freilich nur im Zwischenziel (Siegfrieds Tod) stimmen die Verschwörer überein. Für Gunther geht es um

(Gunther.)
Brünnhildes Ring?

für Hagen hingegen um

(Hagen.)
Des Niblungen Reif!

Gunthers *schwer seufzende* Zustimmung im Konjunktiv signalisiert ein Störgefühl, das Hagen fremd ist.

(Gunther, schwer seufzend.)
So wär' es Siegfrieds Ende!

(Hagen.)
Uns allen frommt sein Tod.

Hagens positive Bewertung des Mordanschlags ist aus seiner Sicht rundum schlüssig. Hagen hat durch Siegfrieds Tod nichts zu verlieren und den Ring zu gewinnen. Für seine Verbündeten sieht das anders aus. Brünnhilde wird ihren geliebten Mann, Gunther seine erhoffte Braut und einen treuen Freund verlieren. Auch Gutrune wird durch Siegfrieds Tod nichts gewinnen. – Gunther erkennt das soeben beschlossene Unglück seiner Schwester. Seine primäre Sor-

---

[302] Siehe Tz 594–597.
[303] Siehe *Rheingold* Tz 943f.

ge gilt allerdings – für ihn typisch – weniger Gutrunes Gefühlen oder Siegfrieds Leben als der Frage, wie der Schwester der Mord erklärt werden kann, ohne den eigenen Ruf zu beschädigen. Geschickt artikuliert Gunther diese Sorge, als sei dies ein gemeinsames Problem aller drei Verschwörer.

(Gunther.)
Doch Gutrune, ach!
Der ich ihn gönnte!
Straften den Gatten wir so,
wie bestünden wir vor ihr?

Als Gutrunes Name fällt, *fährt* Brünnhilde *wild auf*. Bar ihres göttlichen Wissens (*Im hilflosen Elend*) und bar ihrer göttlichen Weisheit *ahnt* Brünnhilde auf der Spur der Wahrheit, dass Siegfrieds Treuebruch auf einer Bezauberung ihres Gatten durch Gutrune beruht.

(Brünnhilde, wild auffahrend.)
Was riet mir mein Wissen?
Was wiesen mich Runen?
Im hilflosen Elend achtet mir's hell:
Gutrune heißt der Zauber, der den Gatten mir entzückt!
Angst treffe sie!

Ohne diese (nicht ganz falsche) Deutung des Geschehens zu kommentieren, formuliert Hagen einen Vorschlag, der seine Verbündeten zufriedenstellt: man werde den Mord als Jagdunfall kaschieren und Gutrune sagen, ein wilder Eber habe Siegfried getötet.

(Hagen, zu Gunther.)
Muss sein Tod sie betrüben, verhehlt sei ihr die Tat.
Auf munt'res Jagen ziehen wir morgen;
der Edle braust uns voran:
ein Eber bracht' ihn da um.

Unter diesem verlogenen Vorzeichen geeint, besingen die drei Verschwörer Siegfrieds Tod. Gunther und Brünnhilde beschwören Eidestreue, Wotan und die Götter; Hagen beschwört den Hort und den Ring, Alberich und die Nibelungen.

(Gunther und Brünnhilde.)
So soll es sein!
Siegfried falle!

Sühn' er die Schmach, die er mir schuf!
Des Eides Treue hat er getrogen:
mit seinem Blut büß' er die Schuld!

Allrauner, rächender Gott!
Schwurwissender Eideshort!
Wotan! Wende dich her!
Weise die schrecklich heilige Schar,
hieher zu horchen dem Racheschwur!

(Hagen.)
Sterb' er dahin, der strahlende Held!
Mein ist der Hort, mir muss er gehören.
Mir muss er gehören:
d'rum sei der Reif ihm entrissen!

Albenvater, gefall'ner Fürst!
Nachthüter! Niblungenherr!
Alberich! Achte auf mich!
Weise von neuem der Niblungen Schar,
dir zu gehorchen des Reifes Herrn!

Dieser Verschwörung folgt zum Abschluss des zweiten Aufzugs ein Orchesterstück. Was derweil auf der Bühne geschehen soll, ohne dass ein weiteres Wort fällt, hat Wagner in selbst für seine Verhältnisse ungewöhnlicher Liebe zum Detail beschrieben. Damit hat es besondere Bewandtnis. Im Entwurf der heutigen *Götterdämmerung* (*Siegfrieds Tod*) stand an dieser Stelle ein Dialog Siegfrieds mit den Männern und Frauen. Diesen Dialog hat Wagner in der Endfassung gestrichen und durch einen stumm gespielten Hochzeitszug ersetzt, der in gewolltem Kontrast zur Verabredung der Verschwörer *alles Gerede abstreift*[304] und durch eine überzogene Euphorie der Teilnehmer auch ohne Worte eine besondere Ironie erzeugt: Gunther wendet sich mit Brünnhilde *heftig* – wollen sie den Ort der Verabredung so schnell wie möglich verlassen? – der Halle zu. Von dort tritt ihnen eine Gruppe entgegen, die an Arglosigkeit schwer zu überbieten ist. Siegfried wird in einem *Brautzug* von Männern auf einem Schild, Gutrune auf einem Sessel getragen. Ihnen voraus *springen Knaben und Mädchen, die Blumenstäbe schwingen*. Im Hintergrund sind Knechte und Mägde zu sehen, die auf verschiedenen Bergpfaden Opfergeräte und Opfertiere (einen Stier, einen Widder

[304] Siehe Wolfgang Schadewaldt, *Richard Wagner und die Griechen*, S. 385.

und einen Bock) zu *Weihsteinen für Wotan, Donner und Fricka* führen[305] und mit Blumen für zwei Hochzeiten schmücken, die ausfallen werden. Siegfried und die Männer blasen auf ihren Hörnern den Hochzeitsruf. Sobald die Frauen Brünnhilde bemerken, fordern sie sie ehrerbietig auf, sich an Gutrunes Seite in den Brautzug einzureihen. Als Gutrune der Eingeladenen mit freundlichem Lächeln zuwinkt, antwortet Brünnhilde stumm mit starrem Blick und *will heftig zurücktreten. Rasch* tritt Hagen dazwischen und drängt Brünnhilde an Gunthers Seite, der ihre Hand erfasst und Brünnhilde zu den Frauen führt. Dann lässt sich Gunther von den Männern ebenfalls auf einen Schild heben. Während sich der Brautzug, kaum unterbrochen, schnell wieder in Bewegung setzt und äußerlich *alles wirkt, als sei Frieden eingekehrt*,[306] fällt der Vorhang.

---

305 Siehe Tz 733–739.

306 So die betreffende Textstelle in Richard Wagner, *Der Nibelungen-Mythos*, GSD II, S. 163.

Dritter Aufzug

Der eigne Wille sei der Herr des Menschen, die eigne Lust sei sein einzig Gesetz, die eigne Kraft sein ganzes Eigentum, denn das Heilige ist allein der freie Mensch, und nicht Höheres ist denn als Er.[307]

Erste Szene

(Wildes Wald- und Felsental am Rhein)

Wenn sich im 50. Takt des Vorspiels der Vorhang öffnet, blicken wir auf ein *wildes Wald- und Felsental am Rhein, der im Hintergrund an einem steilen Abhang vorbei fließt. Aus der Flut* tauchen die drei Rheintöchter Woglinde, Wellgunde und Floßhilde auf und vollführen im Kreis umherschwimmend einen Reigentanz. Sie sind seit dem *Rheingold* nicht merklich gealtert.[308] Während sie ihren kindlichen Ringelreih *mäßig* bremsen, beklagen sie die Dunkelheit, die seit dem Verlust des Rheingolds in der Flusstiefe herrscht.

(Die drei Rheintöchter.)
Frau Sonne sendet lichte Strahlen;
Nacht liegt in der Tiefe:
einst war sie hell, da heil und hehr
des Vaters[309] *Gold noch in ihr glänzte!*
Rheingold, klares Gold,
wie hell du einsten strahltest, hehrer Stern der Tiefe!

Weialala, weialala
leia leia wallalala
…

Aus der Ferne hört man von rechts Siegfrieds Hornruf, dem von links ein schwächeres Hornecho antwortet. Die Rheintöchter lauschen und *schlagen jauchzend auf das Wasser.* Augenscheinlich gut mit dem Weltgeschehen an Land vertraut, wenden sich die Damen mit einer Bitte an *Frau Sonne*. Sie möge ihnen *den Helden senden*, der ihnen *das Gold wieder gebe*. Täte er das, würden sie *das lichte*

---

[307] Richard Wagner, *Die Revolution* (1849).
[308] Seither sind etwa 40 Jahre vergangen.
[309] Vater der Rheintöchter ist der Rhein; siehe *Rheingold* Tz 24f.

Auge der Sonne nicht länger beneiden, sondern sich am *freien Stern der Tiefe* (dem im Fluss strahlenden Rheingold) erfreuen.

(Die Rheintöchter.)
Frau Sonne, sende uns den Helden,
der das Gold uns wieder gebe!

Ließ' er es uns,
dein lichtes Auge neideten dann wir nicht länger!
Rheingold! Klares Gold,
wie froh du dann strahltest, freier Stern der Tiefe!

Der etwas naiv wirkende Bittgesang der drei Damen täuscht über den tödlichen Ernst dieser Szene. Nicht erst in der zweiten Szene und seiner Begegnung mit Hagen, sondern in dieser ersten Szene des dritten Aufzugs fällt die Letztentscheidung über Siegfrieds Schicksal. Wie schrittweise zu erkennen sein wird, hat Wotan durch ein Bündel von Arrangements sichergestellt, dass Siegfried den Weg zu den Rheintöchtern findet, aber sterben muss, wenn er ihnen den Ring nicht zurückgibt. Aber der Reihe nach: die drei Wasserdamen beseelt unverdrossen die Hoffnung, das Rheingold werde in den Fluss zurückkehren. Darüber, wie das gelingen könnte, wissen die Damen mehr, als flüchtiges Zuhören offenbart. Überraschend genau ist den Rheintöchtern präsent, dass für die Rückgabe nur ein bestimmter Held in Frage kommt, der Siegfried heißt.[310] Ebenfalls von solidem Wissen zeugt, dass die Damen ihre Bitte, den Ringträger bei ihnen vorbeizuschicken, an *Frau Sonne* richten. Wie Mime in seiner Begegnung mit dem Wanderer still für sich rekapitulierte, ist die Sonne in altnordischen Sagen das Auge, das Wotan fehlt.[311] Kein Geringerer als Wotan – wer auch sonst käme dafür in Frage? – soll dafür sorgen, dass Siegfried mit dem Ring ans Flussufer tritt. Dass sich der Adressat der Bitte angesprochen fühlt, ist auf der Bühne nicht zu überhören. Kaum haben die Rheintöchter ihren Herzenswunsch artikuliert, erschallt Siegfrieds Hornruf *näher als zuvor*. Mit geübtem Ohr identifizieren die Rheintöchter am Klang den Urheber der Hornweise.[312] Schwatzend geben Woglinde und Wellgunde wieder, was nicht zu überhören ist: Der ersehnte Held naht. Floßhilde, die relativ klügste der drei, regt eine geheime Beratung an.

---

310 Siehe Tz 1034 (*sende uns den Helden*) und Tz 1047.
311 Siehe *Siegfried* Tz 382.
312 Siehe Tz 250–252.

(Woglinde.)
Ich höre sein Horn.

(Wellgunde.)
Der Helde naht.

(Floßhilde.)
Lasst uns beraten!

Alle drei tauchen schnell unter. Kaum sind die Rheintöchter abgetaucht, erscheint Siegfried *in vollen Waffen* auf dem Abhang über dem Flussufer. Er beklagt, dass ihn ein *Albe* in die Irre führte, so dass er eine Wildfährte verlor. Während er das sagt, hat Siegfried den Alben wohl noch im Blick. Denn scherzend fragt er seinen Entführer, wo dieser das Wild so schnell vor ihm verbarg. Da eine Antwort ausbleibt, erfahren wir nicht, wer der besagte Albe war. Will man die Begebenheit nicht als sinnfrei abtun, wogegen die Detailversessenheit des Textdichters spricht, kommen aus dem Personaltableau der Tetralogie nur zwei *Alben* in Frage: (Nacht-)Alberich oder (Licht-Alberich) Wotan. Die auf den ersten Blick näher liegende Option Nacht-Alberich scheidet aus. Alberich hat definitiv keinen Anlass, Siegfried zu den Rheintöchtern zu führen. Er müsste befürchten, dass Siegfried auf die eine oder andere Weise mit den Rheintöchtern handelseinig wird und ihnen den Ring zurückgibt.[313] Nichts fürchtet Alberich mehr als das.[314] Für Wotan ist Siegfrieds Begegnung mit den Rheintöchtern hingegen die letzte Gelegenheit, den neu aufgelegten *Wälsungen*-Plan vielleicht doch noch erfolgreich abzuschließen. Für Wotans Urheberschaft spricht auch, dass er das Zielgebiet von Siegfrieds Irrgangs durch seine Raben beobachten lässt.[315] Offen lässt der Text allein, ob sich Wotan in fremder Gestalt höchstpersönlich zum Rheinufer begab, wie manche meinen,[316] oder ob er sich eines Alben als Emissärs bediente – was nach Waltrautes Bericht über Wotans aktuelle Verfassung näher liegt, zumal im Orchester das Walhall-Motiv ausbleibt.

(Siegfried.)
Ein Albe führte mich irr',
dass ich die Fährte verlor. –

---

313 So zutreffend Hartmut Haenchen in: *Wotan und seine Vögel* (www.haenchen.net).

314 Siehe Tz 610–615.

315 Siehe Tz 448–450 und die Regieanweisung nach Tz 1259.

316 So Hartmut Haenchen a.a.O.

He, Schelm! In welchem Berge
bargst du so schnell mir das Wild?

Die Rheintöchter tauchen auf und zeigen sich, während sie wieder schwimmend einen Reigen vollführen, weiterhin gut informiert. Den verirrten Jäger sprechen sie auf Anhieb mit Namen an. Dann erkundigen sie sich neckend nach dem Grund seines Kummers. Die interne Beratung war offenbar nicht so fordernd, dass den Damen entgangen wäre, was Siegfried am Flussufer beklagte.

(Die drei Rheintöchter.)
Siegfried!

(Floßhilde.)
Was schiltst[317] *du so in den Grund?*

(Wellgunde.)
Welchem Alben[318] *bist du gram*[319]*?*

(Woglinde.)
Hat dich ein Nicker[320] *geneckt?*

(Alle drei.)
Sag' es, – Siegfried, – sag' es uns.

Während er die Mädchen *lächelnd betrachtet*, erklärt Siegfried, ihm sei ein Bär entlaufen. Sollte dies der Freund der Mädchen sein, würde er ihnen das Tier gerne überlassen.

(Siegfried.)
Entzücktet[321] *ihr zu euch den zottigen Gesellen, der mir verschwand?*
Ist's euer Friedel[322]*, euch lustigen Frauen lass' ich ihn gern.*

Die Mädchen lachen und kehren das Angebot um: Siegfried solle sagen, was er ihnen gäbe, wenn sie ihm das Tier *gönnen*.

---

[317] Schimpfst.
[318] Zwergen.
[319] Böse.
[320] Nixe.
[321] Locktet.
[322] Freund / Liebhaber, siehe auch *Rheingold* Tz 48.

(Woglinde.)
Siegfried, was gibst du uns,
wenn wir das Wild dir gönnen?

Da er noch nichts erbeutet hat, stellt Siegfried den Mädchen frei, den Preis nach eigenem Gutdünken zu bestimmen.

(Siegfried.)
Noch bin ich beutelos;
so bittet, was ihr begehrt!

Nach kurzem Zögern antworten die Mädchen mit der typischen Ringforderung aus dem *Rheingold*.[323]

(Wellgunde.)
Ein goldner Ring glänzt dir am Finger:

(Alle drei.)
den gib uns!

Ein typischer Ringbesitzer würde diese Forderung fluchgerecht kategorisch zurückweisen.[324] Das tut Siegfried nicht, obwohl ihm das Machtpotential des Rings ungeachtet der Vergessenheitsdroge nicht entfallen ist.[325] Untypisch für einen Ringbesitzer behandelt Siegfried den Ring wie ein beliebiges Tauschobjekt. Taxierend erklärt er den Mädchen, der Ring, für dessen Erwerb er einen riesigen Drachen erschlagen habe, sei mehr wert als die Tatzen eines gewöhnlichen Bären.

(Siegfried.)
Einen Riesenwurm erschlug ich um den Reif:
für eines schlechten Bären Tatzen böt' ich ihn nun zum Tausch?

Mit diesem Preiskalkül haben die Rheintöchter mehr erreicht, als von einem Ringbesitzer zu erwarten war. Doch die drei Damen geben

---

[323] Siehe *Rheingold* Tz 885f., 1031f.

[324] Siehe *Rheingold* Tz 888–890, 1033–1047 und *Siegfried* Tz 866f.

[325] Siehe *Siegfried* Tz 1072 und *Götterdämmerung* Tz 1111, 1217f. Dass Siegfried dieser Teil seiner Erinnerung erhalten blieb, ist entgegen mancher Kritik nicht unlogisch, sondern im Gegenteil nur folgerichtig. Die Wirkung des Drogentranks betrifft zielgenau nur Siegfrieds Erinnerung an Brünnhilde und an alles, was ihn mit ihr bis zum Aufbruch zu seiner Rheinfahrt (siehe nach Tz 153) verband.

sich mit ihrem Teilerfolg nicht zufrieden. Klassische Rollenbilder persiflierend, wollen sie von Siegfried freigiebig beschenkt werden.

(Woglinde.)
Bist du so karg[326]*?*

(Wellgunde.)
So geizig beim Kauf?

(Floßhilde.)
Freigebig solltest Frauen du sein!

Als Siegfried um Verständnis wirbt, seine Frau werde ihm verübeln, wenn er fremde Damen beschenke, nimmt der Spott richtig Fahrt auf.

(Siegfried.)
Verzehrt' ich an euch mein Gut,
dess' zürnte mir wohl mein Weib.

(Floßhilde.)
Sie ist wohl schlimm?

(Wellgunde.)
Sie schlägt dich wohl?

(Woglinde.)
Ihre Hand fühlt schon der Held!

(Sie lachen unmäßig.)

Die Schelmerei der Mädchen steckt an. Verbunden mit einem kleinen Wortspiel – Siegfried spricht die Nixen (= *Nicker*)[327] als *Necker* an – retourniert Siegfried flirtgewandt: *gierten* die Mädchen nach dem Ring, bekämen sie ihn nie.

(Siegfried.)
Nun lacht nur lustig zu!
In Harm[328] *lass' ich euch doch:*
denn giert ihr nach dem Ring,
euch Neckern geb' ich ihn nie!

---

[326] Arm, geizig.

[327] Siehe *Rheingold* Tz 16 und 120.

[328] Leid, Trauer, Kummer.

Der halbe Scherz löst eine weitere Neckrunde der Mädchen aus, die sich zum Zeichen ihres schwesterlichen Einvernehmens wieder zu einem Reigen an den Händen gefasst haben.

(Floßhilde.)
So schön!

(Wellgunde.)
So stark!

(Woglinde.)
So gehrenswert!

(Alle drei.)
Wie schade, dass er geizig ist!

Die Mädchen lachen und tauchen unter. Derweil steigt Siegfried zum verwaisten Flussufer hinab. Geiz lässt er sich auch im Scherz ungerne nachsagen. Nach kurzem Grübeln ruft Siegfried laut über den Fluss: wenn die Wassermädchen wieder auftauchen, will er ihnen den Ring schenken.

(Siegfried.)
Was leid' ich doch das karge Lob[329]*?*
Lass' ich so mich schmäh'n?
Kämen sie wieder zum Wasserrand, den Ring könnten sie haben.

(Siegfried, laut rufend.)
He!
He-he! Ihr munt'ren Wasserminnen!
Kommt rasch!
Ich schenk' euch den Ring!

Er hat den Ring vom Finger gezogen und hält ihn in die Höhe. Die Rheintöchter tauchen wieder auf. Diesmal ist ihre fröhliche Albernheit verflogen. *Ernst und feierlich* lehnen sie das Schenkungsangebot ab. In unerwarteter Strenge dozieren die Nixen: den Ring nähmen sie ihm erst ab, wenn Siegfried verstanden habe, welches Unheil der Ring birgt. Sobald er das begriffen habe, halten sie dem gescheiterten Schenker vor, werde Siegfried froh sein, wenn sie ihn vom Ring(fluch) befreien. Die merkwürdige Umstandskrämerei der Damen hat einen tieferen Sinn, den sie dem geschichtslosen

[329] Tadel.

Naturburschen und den Zuschauern leider vorenthalten: erst unter der genannten Vorbedingung würde eine Ringrückgabe den Goldraub Alberichs nicht nur dem äußeren Erscheinungsbild nach, sondern auch mental spiegelbildlich revidieren.[330]

(Die Rheintöchter.)
Behalt ihn, Held, und wahr ihn wohl,
bis du das Unheil errätst, das in dem Ring du hegst.
Froh fühlst du dich dann, befrei'n wir dich von dem Fluch.

Ahnungslos und furchtlos, wie er ist, steckt sich Siegfried den Ring gelassen wieder an die Hand. Neugierig ist er aber schon.

(Siegfried.)
So singet, was ihr wisst.

Einzeln und zusammen berichten die Rheintöchter, wie der Ring entstand und wie Alberich den Ring verfluchte. Schließlich verkünden sie, Siegfried werde noch heute sterben, wenn er ihnen den Ring nicht herausgibt.

(Die Rheintöchter, einzeln und zusammen.)
Siegfried! Siegfried! Siegfried!
Schlimmes wissen wir dir.

Zu deinem Unheil wahrst du den Ring.
Aus des Rheines Gold ist der Ring geglüht:
der ihn listig geschmiedet und schmählich verlor,
der verfluchte ihn, in fernster Zeit zu zeugen den Tod dem,
der ihn trüg'.

Wie den Wurm du fälltest, so fällst auch du, und heute noch:
So heißen wir's dir, tauschest den Ring du uns nicht,

---

330 Nicht nur moralisch macht es einen Unterschied, ob ein Dieb das Diebesgut verliert und der Bestohlene sein Eigentum glücklich wiederfindet, oder ob der Dieb seine Beute reuevoll zurückbringt. Auch dem geltenden Recht ist dieser Gedanke vertraut. So setzt ein strafbefreiender Rücktritt vom Versuch einer Straftat neben einer äußeren Handlung des Täters (Aufgabe der Tatausführung) in Form von Freiwilligkeit eine spezifische mentale Haltung des Täters voraus; § 24 Abs. 1 S. 1 StGB. Näher zu dieser Textstelle im *Ring*: Roger Scruton, *Ring of Truth*, S. 137.

im tiefen Rhein ihn zu bergen:
nur seine Flut sühnet den Fluch!

Woher die Rheintöchter an dieser Stelle bereits so präzise wissen, wie Siegfrieds Tag verlaufen und zu Ende gehen wird, wenn er den Ring nicht hergibt, behalten sie für sich. Als Quelle dieser Botschaft kommt nur einer in Frage: Wotan. Allein er ist sowohl daran interessiert, dass Siegfried den Ring in den Rhein zurückgibt, als auch daran, dass Siegfried stirbt, wenn er das nicht tut. Das erstgenannte Szenario bedarf keiner langen Begründung. Auch wenn Wotan auf der Bühne nicht gerne davon spricht, sähe er den Ring am liebsten wieder im Rhein.[331] Ebenso unverrückbar steht allerdings auch Wotans Entschluss fest, dass Siegfried sterben muss, wenn er den Ring nicht in den Fluss retourniert. Dieser Entschluss hat einen mythischen Hintergrund: allein durch Siegfrieds Tod kann Brünnhilde das göttliche Vielwissen zurückgewinnen, auf dessen Wiedererwerb sie angewiesen ist, um Hagens Intrige zu enträtseln und aus freien Stücken auf den Ring zu verzichten.[332] – In seiner unerschütterlichen Furchtlosigkeit[333] kann Siegfried mit der Warnung der drei Wasserdamen nichts anfangen. Er reagiert, wie ein Analphabet im Fürchten auf eine solche Warnung nur reagieren kann: Siegfried will der angedrohten Gefahr nicht ausweichen, er will sie bekämpfen.[334]

(Siegfried.)
Ihr listigen Frauen, lasst das sein!
Traut' ich kaum eurem Schmeicheln,
euer Drohen schreckt mich noch minder!

---

[331] Siehe *Siegfried* Anmerkungen nach Tz 821.

[332] Näher dazu die Erläuterungen nach Tz 1295 sowie Tz 1372–1381. In dieser Hinsicht hat die im Finale der *Walküre* vollzogene Neuauflage des Wälsungen-Plans gegenüber dem Original einen erheblichen Vorzug. Während die Originalauflage mit Siegmunds Person stand oder fiel, ist die Neuauflage, wie Wotan bewusst zu sein scheint, doppelstöckig angelegt. Scheitert Siegfried an der ihm zugedachten Mission, könnte ersatzweise auch Brünnhilde die Welterlösung vollenden. Nur für den Kampf gegen den Drachen Fafner war Siegfrieds kämpfender Einsatz unverzichtbar.

[333] Siehe *Siegfried* Tz 508–554, 1552–1570, 1751–1761.

[334] Ein literarisches Vorbild für Siegfrieds todesmutigen Starrsinn fand Wagner in den *Heldenliedern der älteren Edda* (Das Sigrdrifalied, Strophe 21): *Ich werd' nicht weichen, auch wenn ich todgeweiht wär', ich bin nicht furchtsam geboren.*

Ihrerseits blind für Siegfrieds blinden Fleck ergänzen die Rheintöchter ihre Warnung um einen befremdlichen Hinweis. Sie behaupten, die Nornen hätten den Ringfluch in der vergangenen Nacht in das Weltenseil eingeflochten. Das klingt, als seien durch die Webarbeit der Nornen seit der vergangenen Nacht schicksalhaft auch solche Ringbesitzer dem Ringfluch verfallen, die – wie Siegfried – das Machtpotential des Rings nicht abrufen.[335] Stichhaltig wirkt diese Warnung der Rheintöchter nicht. Im Vorspiel der Götterdämmerung geschah vor unseren Augen das glatte Gegenteil: das Weltenseil riss, als die dritte Norn fest an dem durch den Ringfluch geschwächten Seil zog.[336] Ob sich die Rheintöchter in dieser Hinsicht wohlmeinend irren[337] oder ob sie in ihrem zweiten Tauchgang gemeinsam überlegten, wie Siegfried probat eingeschüchtert werden könnte, bleibt offen.

(Die Rheintöchter.)
Siegfried! Siegfried! Wir weisen dich wahr.
Weiche! Weiche dem Fluch!
Ihn flochten nächtlich webende Nornen in des Urgesetzes Seil!

Wagner verband mit Siegfrieds Furcht-Analphabetentum übrigens mehr als eine dem Grimmschen *Märchen von einem, der auszog, das Fürchten zu lernen* entlehnte partielle Wahrnehmungsschwäche. Nach Wagners Vorstellung soll der – in solcher Hinsicht überraschend reflektierte – Naturbursche aus innerer Überzeugung den Tod einem Leben in Furcht vorziehen.[338] So disponiert wird Siegfried der Warnung der Rheintöchter gleich zwei Einwände entge-

---

[335] Ob Fafner den Ring in diesem Sinne tödlich benutzt hat, ist streitig. Manche meinen, dass Fafner zu seiner Verwandlung in einen Drachen den Ring und nicht den Tarnhelm benutzt habe. Dafür spricht, dass Fafner den Tarnhelm (freilich auch den Ring!) nicht trug, als er gegen Siegfried kämpfte; beide Utensilien fand Siegfried nach Fafners Tod in der Drachenhöhle.

[336] Siehe Tz 66–86.

[337] Siehe dazu Wotans und Alberichs übereinstimmende Beurteilungen in *Siegfried* Tz 1394–1396 und *Götterdämmerung* Tz 603–605.

[338] Siehe dazu Wagners Brief an seinen Freund August Röckel vom 25./26. Januar 1854: *Im Siegfried habe ich vielmehr den mir begreiflichen vollkommensten Menschen darzustellen gesucht, dessen höchstes Bewusstsein immer nur in gegenwärtigstem Leben und Handeln sich kundgibt: wie ungeheuer ich dieses Bewusstsein ... erhebe, wird Dir aus der Szene Siegfrieds mit den Rheintöchtern klar werden; hier erfahren wir, dass Siegfried unendlich wissend ist, denn er weiß das Höchste, dass der Tod besser ist als Leben in Furcht.*

genhalten, die seine Furchtlosigkeit aus unterschiedlichen Richtungen beleuchten. Zum einen gibt sich Siegfried siegessicher: das angeblich mit dem Fluch beladene Weltenseil will er ebenso mit seinem Schwert zerteilen, wie ihm das mit Wotans Weltenspeer gelang. Über dieser Zuversicht liegt ein Hauch von Don Quijote. Denn nicht das Weltenseil, sondern Siegfrieds reale Umgebung birgt relevante Gefahren. Auch könnte Nothung dem gerissenen Seil nicht mehr viel anhaben. Seinen zweiten Einwand leitet Siegfried mit einem, wenn man die Dinge pragmatisch betrachtet, durchaus bedenkenswerten Tauschangebot ein: Siegfried würde den Mädchen den Ring geben, wenn sie ihm *Gunst* gönnen. Dieser Vorschlag könnte näherungsweise die erste Szene des *Rheingold* umkehren. Während Alberich dort die wahre Liebe für den Erwerb des Rings aufgab, würde Siegfried den Ring jetzt für sinnliche Lust eintauschen. Freilich: in einem Punkt, der den Rheintöchtern ausdrücklich am Herzen liegt, ist und bleibt Siegfrieds Tauschangebot defizitär. Von reuevoller Einsicht in die unheilvolle Verstrickung des Rings ist bei Siegfried nichts zu spüren. Und dann es kommt noch schlimmer. Mit einer kleinen Leibesübung begräbt Siegfried jede Hoffnung der Mädchen auf vielleicht doch noch bessere Einsicht des jungen Helden in die Verstrickung des Rings mit dem Bösen in der Welt. Zur Illustration, wie wenig ihm Leib und Leben bedeuten, nimmt Siegfried eine Erdscholle vom Boden auf und schleudert sie weit von sich.[339]

(Siegfried.)
Mein Schwert zerschwang einen Speer:
des Urgesetzes ewiges Seil
– flochten sie wilde Flüche hinein –
Nothung zerhaut es den Nornen!

Wohl warnte mich einst vor dem Fluch ein Wurm,[340]
doch das Fürchten lehrt' er[341] *mich nicht.*
(Er betrachtet den Ring.)
Der Welt Erbe gewänne mir der Ring:[342] –

---

339 Nach Ansicht von Patrice Chéreau, *Der Ring 1976–1980*, S. 127 ist das die *vielleicht umwälzendste Handlung im ganzen Ring.*

340 Das ist ungenau. Fafner warnte Siegfried nicht vor dem Ring oder dem Ringfluch, sondern vor Mime; siehe *Siegfried* Tz 1053–1057.

341 Fafner.

342 Auch in diesem Punkt ist Siegfrieds Erinnerung ungenau: nicht Fafner, der Waldvogel teilte ihm das mit; siehe *Siegfried* Tz 1069–1072.

für der Minne Gunst miss' ich ihn gern,
ich geb' ihn euch, gönnt ihr mir Gunst.

Doch, bedroht ihr mir Leben und Leib:
fasste er nicht eines Fingers Wert,[343]
den Reif entringt ihr mir nicht.

Denn Leben und Leib, – seht:
so – werf' ich sie weit von mir!

Die Wurfübung überzeugt die Rheintöchter von Siegfrieds Unbelehrbarkeit. Sie geben ihn verloren und machen sich auf den Weg zu Brünnhilde, von der sie richtigerweise annehmen, dass sie ihnen nach Siegfrieds Tod verständiger zuhören werde als er. Zum Abschied halten die drei Damen dem Unbelehrbaren vor, was Siegfried im Nebel seiner getrübten Erinnerung nicht ansatzweise wird sinngebend deuten können: dass Siegfried seinen Treueeid gegenüber Brünnhilde brach; dass er Brünnhilde (*sein hehrstes Gut*) unwissentlich an Gunther verschenkte (*verworfen hat*), und dass er den tödlichen Ring behalten will, dessen Kräfte er gar nicht nutzt.[344] Mit einem schon zynischen *Leb wohl, Siegfried!* verabschieden sich die Rheintöchter von ihm und den Zuschauern.

(Die Rheintöchter.)
Kommt, Schwestern!
Schwindet dem Toren!
So weise und stark verwähnt sich der Held,
als gebunden und blind er doch ist![345]

Eide schwur er – und achtet sie nicht!
Runen weiß er – und rät sie nicht![346]
Ein hehrstes Gut[347] *ward ihm gegönnt:*
dass er's verworfen, weiß er nicht;[348]

---

[343] Und wäre der Ring auch nicht mehr wert als bloß der Finger, an dem er sitzt; siehe Peter Wapnewski, *Der Ring*, S. 289.

[344] Das ist eine Anspielung auf Fasolts Kritik an Wotans Vorgehen in *Rheingold* Tz 346f.

[345] Siehe dazu auch die von Loge in *Rheingold* Tz 1159–1164 bespöttelte Wahrnehmungsschwäche der Götter.

[346] Göttliche Weisheiten kennt er (von Brünnhilde) – doch erfasst er nicht deren Sinn.

[347] Brünnhilde (nicht etwa der Ring).

[348] Siegfried weiß nicht, dass er Gunther mit Brünnhilde die eigene Frau als Braut zugeführt hat.

nur den Ring, der zum Tod ihm taugt,
den Reif nur will er sich wahren!
Leb wohl!

Siegfried!
Ein stolzes Weib wird noch heut' dich Argen beerben;
sie beut uns bessres Gehör:
zu ihr! Zu ihr! Zu ihr![349]

Wie zum Zeichen, dass aus ihrer Sicht die Dinge auch ohne Siegfrieds Mitwirkung in die gewünschte Ordnung gelangen werden, bilden die Mädchen neuerlich einen Reigen und schwimmen in dieser Formation gemächlich davon.

(Die Rheintöchter.)
Weialala weialala
leia leia walla
...

Siegfried sieht den drei Damen, deren Gesang sich *allmählich in der Ferne verliert*, lächelnd nach. Er verbucht die Begegnung als weitere Lehrstunde im Umgang mit Frauen und beteuert, sich Gutrunes wegen mit den Mädchen nicht eingelassen zu haben. Ist ihm sein Tauschangebot (Ring gegen *Gunst*) schon wieder entfallen? Was die Rheintöchter von diesem Treueschwur halten, ist Wagner erst beim Komponieren aufgegangen. Abweichend von Wagners Textausgabe kommentieren die Rheintöchter den Treueschwur des erfolglos Treulosen in der Partitur mit einem vielsagenden „*La la!*"

(Siegfried.)
Im Wasser wie am Lande lernte nun ich Weiber Art:
wer nicht ihrem Schmeicheln traut, den schrecken sie mit Drohen;
wer dem nun kühnlich trotzt, dem kommt dann ihr Keifen dran!

Und doch, – trüg' ich nicht Gutrun' Treu', ...

(Die Rheintöchter, aus der Ferne.)
La la!

---

[349] Zu Brünnhilde.

(Siegfried.)
.. der zieren Frauen eine hätt' ich mir frisch gezähmt!

Siegfried blickt den Rheintöchtern unverwandt nach. Nach einer Weile hört man Rufe von Jagdhörnern und Hagens Stimme.

(Hagens Stimme.)
Hoiho!

Siegfried *fährt aus einer träumerischen Entrücktheit auf,* greift zu seinem Horn und beantwortet die sich nähernden Hornrufe.

Ich (die Revolution) *will zerstören von Grund auf die Ordnung der Dinge, in der Ihr lebt, denn sie ist entsprossen der Sünde, ihre Blüte ist das Elend und ihre Frucht das Verbrechen: die Saat aber ist gereift und der Schnitter bin ich.*[350]

Zweite Szene

Hagen, ihm folgend Gunther und die Mannen erscheinen auf einer Anhöhe am Flussufer.

(Mehrere Mannen.)
Hoiho?

(Siegfried.)
Hoiho!

(Erst andere, dann alle Mannen.)
Hoiho? Hoiho?
Hoiho?

(Siegfried.)
Hoiho – hoihe!

Hagen entdeckt Siegfried und begrüßt den Verirrten, der die Jagdgesellschaft einlädt, zum kühlen Flussufer hinabzukommen.

(Hagen.)
Finden wir endlich, wohin du flogest?

(Siegfried.)
Kommt herab!
Hier ist frisch und kühl!

Die Mannen kommen alle auf der Höhe an und steigen nun mit Hagen und Gunther herab. Hagen schlägt vor, am Flussufer gemeinsam Rast und Mahlzeit zu halten.

(Hagen.)
Hier rasten wir und rüsten das Mahl!

---

[350] Richard Wagner, *Die Revolution* (1849).

Die Mannen legen die Jagdbeute *zu Hauf.*[351] Sobald das erledigt ist, lässt Hagen die Trinkschläuche und Trinkhörner hervorholen.

(Hagen.)
Lasst ruhn die Beute,
und bietet die Schläuche!

Begleitet von Staccato-Triolen der Streicher *lagert sich* die Jagdgesellschaft. Als alle Platz genommen haben, lädt Hagen mit einer knappen Bemerkung ein, alle möchten aufmerksam zuhören, welche *Wunder* Siegfried sich erjagt habe.[352] Weiß er von Siegfrieds beutelosem Irrweg und dessen wundersamer Begegnung mit den Rheintöchtern?

(Hagen.)
Der uns das Wild verscheuchte,
nun sollt ihr Wunder hören, was Siegfried sich erjagt.

Lachend erklärt Siegfried, er habe nichts erbeutet. Hagen ist oder tut verblüfft.

(Siegfried.)
Schlimm steht es um mein Mahl:
von eurer Beute bitte ich für mich.

(Hagen.)
Du beutelos?

Unbekümmert und humorvoll berichtet Siegfried von seiner Begegnung mit den Rheintöchtern und von deren Warnung, er werde noch heute erschlagen werden.[353]

(Siegfried.)
Auf Waldjagd zog ich aus,
doch Wasserwild zeigte sich nur:
war ich dazu recht beraten,

---

351 Zusammen.

352 Siehe auch Hagens geschickt platzierte Hinweise in Tz 755f. und 797.

353 Diese düstere Prognose übernahm Wagner aus dem *Nibelungenlied* (25. Aventiure, Strophen 1535–1537 und 26. Aventiure, Strophe 1585): *das haben mir zwei Meerfrauen heute am frühen Morgen gesagt, dass wir nicht zurückkommen werden*, wo diese Todesbotschaft allerdings nicht Siegfried, sondern Hagen und seinen burgundischen Mitstreitern gilt.

drei wilde Wasservögel[354] *hätt' ich euch wohl gefangen,*
die dort auf dem Rhein mir sangen,
erschlagen würd' ich noch heut'.

Gunther erschrickt und blickt düster auf Hagen – sagt oder tut aber nichts.[355] Derweil setzt sich Siegfried unbefangen zwischen Gunther und Hagen nieder. Hagen greift die düstere Prophezeiung mit sarkastischem Humor auf.

(Hagen.)
Das wäre üble Jagd,
wenn den Beutelosen selbst ein lauernd Wild erlegte!

Der bittere Scherz trifft die Situation besser, als die Jagdgesellschaft – bis auf Gunther – dechiffrieren kann. Der doppelte Subtext zielt auf den geplanten Mordanschlag und dessen am Vortag verabredete Tarnung als Jagdunfall.[356] Hagen ist das lauernde Wild, das den Beutelosen gleich erlegen wird. Siegfrieds symbolbeladene Bitte um einen Trank

(Siegfried.)
Mich dürstet!

setzt die tödliche Verabredung in Gang. Während er ein Trinkhorn füllt und Siegfried reicht, lenkt Hagen das Gespräch auf Siegfrieds Vergangenheit. Untypisch zugewandt erkundigt er sich, ob Siegfried tatsächlich die Sprache der Vögel verstehe, wie ihm zu Ohren gekommen sei. Mit kluger Berechnung schneidet Hagen ein Thema an, das zwanglos zu Siegfrieds erster Begegnung mit Brünnhilde führen wird. Nebenbei mag Hagen auch interessieren, ob sich Siegfried die mit dem Verständnis der Vogelsprache einst verbundene Gabe bewahrt hat, menschliche Heuchelei zu durchschauen.[357] Denn ganz ohne Heuchelei wird Hagen gleich nicht auskommen.

---

354 Die drei Rheintöchter. Zum scherzhaften Ausdruck *Wasservögel* mag Wagner die Beschreibung einer Begegnung Hagens mit drei Meerfrauen im *Nibelungenlied* (25. Aventiure, Strophe 1533) inspiriert haben: *Sie schwammen wie Vögel vor ihm auf dem Strom.*

355 Vergleiche Tz 233–235.

356 Siehe Tz 1003–1006.

357 Siehe *Siegfried* Tz 1142–1145. Alberich, der Siegfrieds Gespräch mit dem Waldvogel aus einem Versteck heraus beobachtete, könnte Hagen davon berichtet haben; siehe die Regieanweisungen in *Siegfried* nach Tz 1134 und 1225.

(Hagen.)
Ich hörte sagen, Siegfried,
der Vögel Sangessprache verstündest du wohl:
so wäre das wahr?

Ähnlich abschätzig wie er am Vortag den Wert seiner materiellen Besitztümer abtat,[358] relativiert Siegfried die Bedeutung seiner einzigartigen Sprachbegabung. Er hat die Sprache der Vögel nicht verlernt, schätzt aber nicht mehr, was sie ihm sagen. Die Auskunft hat symbolischen Wert: seine im *Siegfried* noch intuitive Verbindung zur Natur hat Siegfried durch seine Zivilisierung ebenso eingebüßt wie jeden heilsam kritischen Abstand zu seinem Umfeld. Leutselig und distanzlos fordert er Gunther zum Trinken auf und reicht ihm das eigene Trinkhorn.

(Siegfried.)
Seit lange acht' ich des Lallens nicht mehr.

Trink, Gunther, trink:
dein Bruder bringt es dir!

Siegfrieds kumpelhafter Hinweis auf den Bruderschwur bedrückt Gunther. *Mit Grausen blickt er in das Horn.* Gunther ist wahrlich nicht zu beneiden. Wie kein anderer Teilnehmer der Jagdgesellschaft wird er gleich eines der beiden Gelübde brechen müssen, die er am Vortag feierlich leistete: entweder seinen Bruderschwur mit Siegfried oder seinen Racheschwur mit Hagen und Brünnhilde. Seinem schwachen Naturell nachgebend, schweigt Gunter tatenlos vor sich hin. Grotesk moniert er *dumpf*, Siegfried habe nur das eigene Blut in das Trinkhorn gemischt.

(Gunther.)
Du mischtest matt und bleich:
dein Blut allein darin!

(Siegfried, lachend.)
So misch' es mit dem deinen!

Unbeschwert lachend schenkt Siegfried so üppig aus Gunthers Trinkhorn in das eigene nach, dass dieses überläuft. Mit seinem Missgeschick vollzieht Siegfried eine archaische Opfergeste, die Li-

---

358 Siehe Tz 269–272 und 274.

bation.[359] Amüsiert kommentiert Siegfried seinen Fauxpas, während Gunther – kennt er diese Opfergeste? – schwermütig seufzt.

(Siegfried.)
Nun floss gemischt es über:
der Mutter Erde lass' das ein Labsal sein!

(Gunther, seufzend.)
Du überfroher Held!

Als selbstempfundener Frauenkenner führt Siegfried Gunthers gedrückte Stimmung auf Kummer mit Brünnhilde zurück.[360] Verstohlen spricht er Hagen *leise* darauf an.

(Siegfried, leise zu Hagen.)
Ihm macht Brünnhilde Müh'?

Hagen antwortet ebenso diskret und leise, wobei er in seiner Antwort so geschickt ins Unernste ausweicht, dass sich weitere Nachfragen erübrigen. Zugleich führt Hagen das Gespräch elegant zu seinem eigenen Anliegen zurück: Siegfrieds Vorleben.

(Hagen, leise zu Siegfried.)
Verstünd' er sie so gut, wie du der Vögel Sang!

Siegfrieds übermütig juveniler Einwurf

(Siegfried.)
Seit Frauen ich singen hörte,
vergaß ich der Vöglein ganz.

kommt Hagen entgegen. Ohne Siegfrieds unpassend vertraulichen Ton aufzugreifen, fasst Hagen in der ihm eigenen Konsequenz nach.

(Hagen.)
Doch einst vernahmst du sie?

Die Frage führt zum Ziel. Um Gunther aufzumuntern, der stumm vor sich hinbrütet, bietet Siegfried an, aus seiner Jugend zu erzäh-

---

359 Trankopfer (lateinisch *libatio*) sind aus vielen Kulturen und Religionen bekannt. Der Opfertrank wurde meist entweder über ein geweihtes Opfer oder direkt auf den Erdboden ausgegossen.

360 Siehe Tz 902f.

len. Als Gunther bereitwillig zustimmt, lassen sich alle Teilnehmer der Jagdgesellschaft nahe bei Siegfried nieder, der einzig noch aufrecht sitzt. Sobald alle Platz genommen haben, gibt Hagen das Startsignal.

(Siegfried.)
Hei! Gunther, grämlicher Mann!
Dankst du es mir,
so sing' ich dir Mären aus meinen jungen Tagen.

(Gunther.)
Die hör' ich gern.

(Hagen.)
So singe, Held!

Siegfried berichtet, wie Mime ihn großzog, damit er ihm den Drachen Fafner tötet; wie es ihm gelang, Nothung zu reparieren und Fafner zu töten; wie er dank des Drachenblutes die Vogelsprache lernte und wie der Waldvogel ihm riet, Ring und Tarnhelm an sich zu nehmen.

(Siegfried.)
Mime hieß ein mürrischer Zwerg;
in des Neides Zwang zog er mich auf,
dass einst das Kind, wann kühn es erwuchs,
einen Wurm ihm fällt' im Wald,
der lang schon hütet' einen Hort.

Er lehrte mich schmieden und Erze schmelzen;
doch was der Künstler selber nicht konnt',
des Lehrlings Mute musst' es gelingen:
eines zerschlag'nen Stahles Stücken
neu zu schmieden zum Schwert.

Des Vaters Wehr fügt' ich mir neu,
nagelfest schuf ich mir Nothung.
Tüchtig zum Kampf dünkt' er dem Zwerg:
der führte mich nun zum Wald:
dort fällt' ich Fafner, den Wurm.

Jetzt aber merkt wohl auf die Mär:
Wunder muss ich euch melden.
Von des Wurmes Blut mir brannten die Finger;

sie führt' ich kühlend zum Mund:
kaum netzt' ein wenig die Zunge das Nass,
was da die Vöglein sangen,
das konnt' ich flugs verstehn.

Auf den Ästen saß es und sang:
Hei! Siegfried gehört nun der Niblungen Hort!
Oh, fänd' in der Höhle den Hort er jetzt!
Wollt' er den Tarnhelm gewinnen,
der taugt' ihm zu wonniger Tat!
Doch wollt' er den Ring sich erraten,
der macht' ihn zum Walter der Welt!

Mit kurzen Zwischenfragen heuchelt Hagen und signalisieren die Mannen Interesse an einer Fortsetzung des Berichts.

(Hagen.)
Ring und Tarnhelm trugst du nun fort?

(Ein Manne.)
Das Vöglein hörtest du wieder?

So angespornt beschreibt Siegfried, wie ihn der Waldvogel vor Mime warnte und wie er Mime erschlug, als dieser ihm den Gifttrank reichte. Lachend wie schon sein Vater vor Ort[361] quittiert Hagen den Tod seines Onkels.[362]

(Siegfried.)
Ring und Helm hatt' ich gerafft;
da lauscht' ich wieder dem wonnigen Laller[363]*;*
der saß im Wipfel und sang:

„Hei! Siegfried gehört nun der Helm und der Ring.
Oh! traute er Mime, dem treulosen, nicht!
Ihm sollt' er den Hort nur erheben;[364]
nun lauert er listig am Weg:

---

361 Siehe *Siegfried* Tz 1226.

362 Als Bruder Alberichs war Mime ein unmittelbarer Onkel Hagens.

363 Dem Waldvogel.

364 Der Waldvogel warnte Siegfried davor, dass Mime ihn nur dazu nutzte, für ihn den Goldschatz (genau genommen: den Ring) zu erobern; siehe *Siegfried* Tz 1170–1175.

nach dem Leben trachtet er Siegfried:
oh, traute Siegfried nicht Mime!“

(Hagen.)
Es mahnte dich gut?

(Vier Mannen.)
Vergaltest du Mime?

(Siegfried.)
Mit tödlichem Tranke trat er zu mir;
bang und stotternd gestand er mir Böses:
Nothung streckte den Strolch.

(Hagen, grell lachend.)
Was nicht er geschmiedet schmeckte doch Mime![365]

Hagen lässt ein Trinkhorn füllen und träufelt den Saft eines Krautes hinein. Als sich zwei Mannen erkundigen, was der Waldvogel Siegfried weiterhin riet, bietet Hagen dem Erzähler einen wohltuend (*hold*) gewürzten Trank an, damit sich Siegfried an *Fernes* erinnern könne. Keinen der Zuhörer irritieren diese Hilfestellung und Hagens wohlmeinend klingende Erläuterung. Dabei sind Hagens Worte widersinnig. Über seine *ferne* Vergangenheit hat Siegfried soeben mühelos berichtet; nun geht es um Siegfrieds nähere Vergangenheit – seine durch den Drogentrank getilgte Erinnerung an seine erste Begegnung mit Brünnhilde.[366]

(Zwei Mannen, im Wechsel.)
Was wies das Vög’lein dich wieder?

(Hagen.)
Trink’ erst, Held, aus meinem Horn:
ich würzte dir hold den Trank,
die Erinnerung hell dir zu wecken,
dass Fernes nicht dir entfalle!

---

[365] Das ist eine sarkastische Anspielung auf *Siegfried* Tz 677f.

[366] Diesen Widerspruch zwischen Hagens Worten und seinem Handeln hat Wagner bewusst hinzugefügt. Im großen *Prosaentwurf Siegfrieds Tod* erklärte Hagen nur lapidar: *ich würzte den Trank, dein Gedächtnis hell zu wecken, damit dir nichts entfalle.*

Gedankenvoll blickt Siegfried in das ihm gereichte Horn, dann trinkt er langsam. Das Gegengift stellt Siegfrieds Erinnerung an alle Begebenheiten wieder her, die ihn und Brünnhilde betreffen. Ganz vollkommen ist diese Genesung allerdings nicht. Zwar wird Siegfried gleich den Hinweis des Waldvogels auf Brünnhilde fehlerfrei zitieren, den er am Vortag nicht einmal verständig nachsprechen konnte.[367] Doch ist ihm nicht gegeben, aus seiner wiederkehrenden Erinnerung die richtigen Schlüsse zu ziehen. Das wird ihm ansatzweise erst im Sterben gelingen.

(Siegfried, nachdem er getrunken.)
In Leid zu dem Wipfel lauscht' ich hinauf;
da saß es noch und sang:

„Hei! Siegfried erschlug nun den schlimmen Zwerg!
Jetzt wüsst' ich ihm noch das herrlichste Weib;
auf hohem Felsen sie schläft,
Feuer umbrennt ihren Saal:
durchschritt' er die Brunst,
weckt' er die Braut,
Brünnhilde wäre dann sein!"

Heuchelnd tut Hagen, als sei ihm nicht bekannt, ob Siegfried dem Rat des Waldvogels folgte.

(Hagen.)
Und folgtest du des Vögleins Rate?

Zunehmend lebhaft setzt Siegfried seinen Bericht fort.

(Siegfried.)
Rasch ohne Zögern zog ich nun aus,

(Gunther hört zunehmend erstaunt zu.)

bis den feurigen Fels ich traf:[368]
die Lohe durchschritt ich,
und fand zum Lohn –

---

[367] Siehe *Siegfried* Tz 1264–1270 und *Götterdämmerung* Tz 311–317.

[368] Es fällt auf, dass Siegfried seine Begegnung mit dem Wanderer hier nicht erwähnt. Diese Auslassung wirkt insofern stimmig, als Siegfried nicht ahnt und nicht ahnen kann, wer der Wanderer war. Siegfried misst dieser Begegnung daher für den eigenen Werdegang keine besondere Bedeutung zu.

(Siegfried, in immer größere Verzückung geratend.)

schlafend – ein wonniges Weib – in lichter Waffen Gewand.
Den Helm löst' ich der herrlichen Maid;
mein Kuss erweckte sie kühn:
oh! Wie mich brünstig da umschlang der schönen Brünnhilde Arm!

Als Brünnhildes Name fällt, *springt Gunther im höchsten Schrecken auf.* Dürfen wir Wagners Prosaentwurf *Der Nibelungen-Mythos* trauen, soll Gunther an dieser Stelle auf einen Schlag eine Erklärung für alles finden, was ihn bis dahin an Brünnhilde befremdete und was ihn bedrückt.[369]

(Gunther.)
Was hör' ich!

Die beiden Wotan-Raben[370] fliegen aus einem Busch auf, kreisen über Siegfried und fliegen zum Fluss. Während Hagen auf die abstreichenden Raben zeigt, fragt er Siegfried, ob er auch deren Geraune verstehen könne.

(Hagen.)
Errätst du auch dieser Raben Geraun'?

Siegfried fährt heftig auf und blickt, Hagen den Rücken zukehrend, den Raben hinterher. Mit den Worten

(Hagen.)
Rache raten sie mir!

stößt Hagen seinen Speer in Siegfrieds Rücken. Gunther und die Mannen stürzen sich – zu spät – über Hagen. Siegfried schwingt mit beiden Händen seinen Schild hoch empor, um ihn auf Hagen zu werfen. Doch die Kraft verlässt ihn; der Schild entsinkt ihm und Siegfried stürzt über dem Schild zusammen.

(Vier Mannen.)
Hagen, was tust du?

(Zwei andere Mannen.)
Was tatest du!

---

[369] Richard Wagner, *Der Nibelungen-Mythos*, GSD II, S. 164.
[370] Siehe Tz 448–450.

(Gunther.)
Hagen,- was tatest du?

Hagen deutet auf den zu Boden Gestreckten.

(Hagen.)
Meineid rächt' ich!

Er wendet sich ruhig zur Seite und verliert sich dann einsam über die Höhe, wo man ihn *langsam durch die anbrechende Dämmerung von dannen schreiten sieht*. Gunther beugt sich schmerzergriffen zu Siegfried herab; die Mannen stehen teilnahmsvoll um den Sterbenden. Von zwei Mannen im Sitzen gehalten, schlägt Siegfried *noch einmal glanzvoll die Augen* auf. In seinen todesbenommenen Abschiedsworten – nach Wagner ist er bereits in einer anderen Welt[371] – mischen sich seine Erinnerungen an Brünnhildes Erweckung und Liebe mit der durch Hagens Gegendroge provozierten, für den Sterbenden allerdings unlösbaren Frage, wie er Brünnhilde vergessen konnte.

(Siegfried.)
Brünnhilde!
Heilige Braut!
Wach' auf! Öffne dein Auge!
Wer verschloss dich wieder in Schlaf?
Wer band dich in Schlummer so bang?

Der Wecker kam:
er küsst dich wach;
und aber – der Braut bricht er die Bande: –
da lacht ihm Brünnhildes Lust.

Ach! Dieses Auge – ewig nun offen!
Ach, dieses Atems – wonniges Wehen!
Süßes Vergehen, seliges Grauen!
Brünnhild' bietet mir – Gruß![372]

Siegfried sinkt zurück und stirbt. *Regungslose Trauer befällt die Umstehenden. Nacht ist hereingebrochen*. Auf einen stummen Wink

---

371 So Richard Wagner, *Brief an August Röckel* vom 25. August 1854.

372 Siegfrieds letzte Worte sind ebenso ein Gruß an Brünnhilde, wie Brünnhildes letzte Worte einen Gruß an Siegfried beinhalten werden, siehe Tz 1422f.

Gunthers erheben die Mannen Siegfrieds Leiche und geleiten sie während des fulminanten orchestralen Trauermarsches[373] *in feierlichem Zuge über die Felsenhöhe langsam von dannen*. Gunther folgt der Leiche zunächst. Nach einer Weile bricht der Mond durch die Wolken und beleuchtet den Trauerzug. Später steigen Nebel aus dem Rhein auf und erfüllen nach und nach die verlassene Bühne. Wenige Takte vor dem Ende des Trauermarschs verteilen sich die Nebel und geben den Blick auf die Halle der Gibichungen frei.

---

373 Nach Volker Mertens, *Der Ring*, S. 132, ist dieser Trauermarsch *ein griechischer Chorgesang, gesungen nicht von Menschenstimmen, sondern von Instrumenten*. Folgt man Hans Mayer, *Richard Wagner*, S. 181f., gilt der Trauermarsch weniger dem Individuum Siegfried als der Tragik aller vier Ring-Abende. Ähnlich urteilt Pierre Boulez, *Der Ring 1976–1980*, S. 36, für den der Trauermarsch den *tiefinneren Gesang der Enttäuschung* darüber darstellt, unwiderruflich den Menschen fallen zu sehen, der die Hoffnung der Welt trug.

Zerstört sei Alles, was Euch bedrückt und leiden macht, und aus den Trümmern dieser alten Welt entstehe eine neue, voll nie geahnten Glückes. Nicht Hass, nicht Neid, nicht Missgunst und Feindschaft sei fortan unter Euch; als Brüder sollt Ihr alle, die Ihr da lebt, Euch erkennen, und frei, frei im Wollen, frei im Tun, frei im Genießen, sollt Ihr den Wert des Lebens erkennen.[374]

Dritte Szene

(Die Halle der Gibichungen wie im ersten Aufzug.)

Es ist Nacht. Mondschein spiegelt sich im Rhein. Gutrune tritt aus ihrem Gemach in die Halle. Albträume störten ihren Schlaf. Wildes Wiehern Granes und lautes Lachen Brünnhildes weckten sie auf. Sie sah eine Frau zum Rheinufer gehen. Wer das war, konnte Gutrune nicht erkennen. Sie durchquert die Halle und lauscht an Brünnhildes Tür. Da sie nichts hört, ruft sie leise. Es bleibt still. Schüchtern öffnet Gutrune die Tür. Brünnhildes Gemach ist leer. Also war es Brünnhilde, die zum Rhein ging? Gutrune erschrickt, da sie meint, Siegfrieds Hornruf zu vernehmen. Doch als sie lauscht, bleibt alles wieder still.

(Gutrune.)
War das sein Horn?

(Sie lauscht.)
Nein!
Noch kehrt' er nicht heim.

Schlimme Träume – störten mir den Schlaf.
Wild wieherte sein Ross;
Lachen Brünnhildes weckte mich auf.

Wer war das Weib, das ich zum Ufer schreiten sah?

Ich fürchte Brünnhild'.
Ist sie daheim?

---

[374] Richard Wagner, *Die Revolution* (1849).

(Sie lauscht an einer Tür und ruft dann leise.)
Brünnhild'! Brünnhild'!
Bist du wach?

(Sie öffnet schüchtern und blickt in das Gemach.)
Leer das Gemach.
So war es sie, die ich zum Rheine schreiten sah?

In der Ferne ertönt ein Hornsignal. Gutrune erschrickt und lauscht.

War das sein Horn? –
Nein!-
Öd' alles! –

Sie blickt ängstlich aus der Halle hinaus.

Säh' ich Siegfried nun bald!

Gutrune nächtliche Beobachtungen haben einen Hintergrund, der sich nur aus verstreuten Hinweisen im Text und auch dort nicht vollständig erschließt. In der Hoffnung auf *besseres Gehör* für ihr Anliegen bei Brünnhilde[375] sind die Rheintöchter nach ihrer erfolglosen Begegnung mit Siegfried nach Gibichungen aufgebrochen. Dort treffen sie Brünnhilde nächtlich am Rheinufer.[376] Warum Grane des Nachts wiehert und warum Brünnhilde so laut lacht, dass Gutrune davon erwacht, erklärt Wagners Text nicht.[377] Nach seinen Quelltexten dürfte die – wie auch immer Brünnhilde zugekommene – Nachricht von Siegfrieds Tod Brünnhildes Gelächter ausgelöst haben.[378] Textlich wieder gesichert ist, dass Brünnhilde

[375] Siehe Tz 1130–1133.

[376] Siehe Tz 1285–1291.

[377] Näher zur Bedeutung und zu den Wurzeln dieser Szene: Carolyn Abbate, *Unsung Voices*, S. 206ff. sowie die literarische Vorlage in den *Heldenliedern der älteren Edda* (Das zweite Gudrunlied, Strophe 5): *Weinend ging ich, mit Grani zu reden, mit feuchten Wangen, das Pferd fragt' ich nach Neuem; da ließ Grani den Kopf hängen, berührt' damit das Gras; das Pferd wusst's; sein Herr lebte nicht mehr*. Ähnlich die Darstellung im 34. Gesang der *Völsungen-Saga:* (Das Pferd) *Grani wusste, dass Sigurd gefallen war.*

[378] So in den *Heldenliedern der älteren Edda* (Das kurze Sigurdlied, Strophe 30) sowie im 26. Gesang der *Völsungen-Saga*: *Das hörte Brynhild und lachte laut;* sowie: *Niemand wusste es sich zu erklären, dass Byrnhild des lachenden Mundes erbeten hatte, was sie jetzt weinend beklagte.* Siehe

von den Rheintöchtern den *redlichen Rat* empfängt, für den sie ihren *weisen Schwestern* in ihrem Schlussgesang danken wird.[379] Wie dieser kluge Rat im Detail lautet, können wir nicht aus erster Hand mitverfolgen, liegt nach dem Verlauf von Siegfrieds Begegnung mit den Rheintöchtern und Brünnhildes Schlussgesang aber sehr nahe: die Rheintöchter raten Brünnhilde, was sie schon Siegfried rieten:[380] den Ring im Bewusstsein von dessen fluchbeladener Verstrickung in den Rhein zurückzugeben. Ebenfalls nächtlich am Rheinufer dürfte Brünnhilde von den Rheintöchtern *ernst und feierlich*[381] erfahren haben, auf welch verschlungenen Wegen Brünnhilde und Siegfried durch Hagen, Gunther und Gutrune betrogen wurden. Schließlich muss ein in Wagners Quelltexten und Entwürfen, nicht aber im finalen Ringtext genannter Effekt hinzukommen: durch Siegfrieds Tod gewinnt Brünnhilde telepathisch das göttliche Vielwissen zurück, von dem im Vorspiel der Götterdämmerung die Rede war und dessen Übertragung an Siegfried Brünnhilde unter dem Eindruck des von Hagen inszenierten *Wirrsals* bitter beklagte.[382] Dies in Summe erklärt die abgeklärte Ruhe, mit der Brünnhilde die Tetralogie beschließen wird.

Von außen ist Hagens Stimme zu vernehmen, die sich nähert.

(Hagens Stimme.)
Hoiho! Hoiho!
Wacht auf! Wacht auf!
Lichte! Lichte, helle Brände!
Jagdbeute bringen wir heim.
Hoiho! Hoiho!

Als sie Hagens Stimme hört, bleibt Gutrune furchtsam eine Zeit lang unbewegt stehen. Vor der Halle sieht man Lichter und zunehmenden Feuerschein. Hagen tritt in die Halle und begrüßt

---

auch: Volker Mertens, *Der Ring*, S. 115, der Gutrunes Bericht (im Detail leicht abweichend) damit erklärt, dass Brünnhilde im Augenblick von Siegfrieds Ermordung auflacht, weil ihr mythisches Wissen ihr verrate, dass sie gerächt sei. Die Trauer über den Tod des Geliebten gebe Brünnhilde ihre alte Weisheit zurück.

379 Siehe Tz 1391–1393.

380 Siehe Tz 1095–1098.

381 Siehe die Regieanweisung nach Tz 1084.

382 Siehe Tz 91f., 95, 99, 117, 912–915, 1124, 1380f. Siehe dazu auch in den *Heldenliedern der älteren Edda* (Das Sigrdrifalied, Strophe 21): *Deinen freundlichen Rat will ich ganz haben, so lang, wie ich lebe.*

Gutrune höhnisch im Motiv des Hochzeitsrufs mit der Aufforderung, den starken Helden Siegfried zu begrüßen.

(Hagen.)
Auf, Gutrun'!
Begrüße Siegfried!
Der starke Held, er kehret heim.

In großer Angst will Gutrune wissen, was vorgefallen ist.

(Gutrune.)
Was geschah? Hagen!
Nicht hört' ich sein Horn!

Mit Lichtern und Feuerbränden geleiten Männer und Frauen in großer Verwirrung den Leichenzug in die Halle. Kalt und höhnisch verkündet ihr Hagen Siegfrieds Tod.

(Hagen.)
Der bleiche Held, nicht bläst er es mehr;
nicht stürmt er zur Jagd, zum Streite nicht mehr,
noch wirbt er um wonnige Frauen.

Mit wachsendem Entsetzen fragt Gutrune, was der Geleitzug zu bedeuten hat. Hagen gibt die mit Gunther und Brünnhilde verabredete Erklärung ab.

(Gutrune.)
Was bringen die?

(Hagen.)
Eines wilden Ebers Beute:
Siegfried, deinen toten Mann!

Gutrune schreit auf und stürzt sich über Siegfrieds Leiche, die in der Mitte der Halle auf einer Erhöhung abgesetzt wurde. Gunther will die Ohnmächtige aufrichten. Doch Gutrune stößt ihn heftig zurück und wirft ihm vor, er habe Siegfried ermordet.

(Gunther.)
Gutrun', holde Schwester,
hebe dein Auge, schweige mir nicht!

(Gutrune.)
Siegfried – Siegfried – erschlagen!
Fort, treuloser Bruder,
du Mörder meines Mannes!

O Hilfe! Hilfe!
Wehe! Wehe!
Sie haben Siegfried erschlagen!

Unter dem Eindruck der schwesterlichen Mordanklage bleibt von Gunthers Allianz mit Hagen nichts übrig. Hagen, so erklärt Gunther, sei der verfluchte Eber, der Siegfried tötete.

(Gunther.)
Nicht klage wider mich, dort klage wider Hagen.
Er ist der verfluchte Eber, der diesen Edlen zerfleischt'.

Hagen gibt ihm kühl zurück:

(Hagen.)
Bist du mir gram darum?

Das erste Mal, seit er die Bühne betrat, findet Gunther zu einer fundiert eigenen Meinung: Hagen, wünscht er dem Halbbruder, möge immer in Angst und Unheil leben.

(Gunther.)
Angst und Unheil greife dich immer!

Die gemessen an den Flüchen seines Vaters kraftlose Verwünschung beeindruckt Hagen nicht. Er steht zu seiner Tat, die er mit Meineid zu rechtfertigen sucht. *Mit furchtbarem Trotze an Gunther herantretend* fordert der Gottlose als *heiliges Beute-Recht* den Ring.

(Hagen.)
Ja denn!
Ich hab' ihn erschlagen.
ich – Hagen – schlug ihn zu tot.
Meinem Speer war er gespart, bei dem er Meineid sprach. –

Heiliges Beuterecht hab' ich mir nun errungen:
d'rum fordr' ich hier diesen Ring.

Überraschend selbstbewusst tritt Gunther dem Mörder entgegen. Der bis dahin fassadenhaft unterdrückte *Halbbrüder-Zwist*[383] bricht offen aus. Nur scheinbar bricht Hagen dabei sein Versprechen vom Vortag, Gunther werde mit dem Ring ungeheure Macht zuteil. Genau hingehört galt diese Zusage nur, falls Gunther den Ring nach Siegfrieds Tod *gewinnen* werde.[384] Genau das will Hagen verhindern.

(Gunther.)
Zurück!
Was mir verfiel, sollst nimmer du empfahn!

(Hagen.)
Ihr Mannen, richtet mein Recht!

Sodann legt der Textdichter den feindlichen Halbbrüdern ein skurriles Wortgefecht in den Mund. Bevor sie zum Schwert greifen, betreiben die Kombattanten ihren Wettbewerb um den Ring im Gewand eines Streits über den korrekten Erbgang nach zwei noch lebenden Erblassern: Gunther beschwört den Ring als *Gutrunes Erbe*,[385] Hagen fordert ihn als das Erbe Alberichs.[386]

(Gunther.)
Rührst du an Gutrunes Erbe, schamloser Albensohn!

(Hagen, sein Schwert ziehend.)
Des Alben Erbe[387] *fordert so sein Sohn.*

Hagen zieht sein Schwert und dringt auf Gunther ein; dieser wehrt sich, beide fechten. Die Mannen werfen sich schlichtend dazwischen. Doch zu spät: von einem Schwertstreich getroffen stürzt Gunther tot zu Boden. Gutrune schreit entsetzt auf. Ungerührt greift Hagen mit den Worten

---

383 Siehe Tz 160.

384 Siehe Tz 986–989. In dieser Hinsicht ähnelt Hagens Zusage an Gunther Loges Wiedergabe seines Versprechens gegenüber Wotan im *Rheingold*, dort unter Tz 412–415.

385 Siehe Tz 986–990.

386 Siehe dazu *Rheingold* Tz 951.

387 Der Ring; siehe *Rheingold* Tz 951, *Siegfried* Tz 881f. und *Götterdämmerung* Tz 1018–1020.

(Hagen.)

Her den Ring!

nach der Hand des Toten, die den Ring trägt. In einer bühnenwirksamen Variation der mittelalterlichen Bahrprobe, die im Nibelungenlied den Mörder Siegfrieds[388] überführt,[389] hebt sich die Hand des Toten *drohend empor*. Alle auf der Bühne bleiben *in Schauder regungslos gefesselt* – traut man Wagners Textausgabe, schreien Gutrune und die Frauen laut auf. Zugleich *schreitet Brünnhilde fest und feierlich* aus dem Hintergrund hervor. Sie gebietet Schweigen und kündet dann *Rache* und *würdige Klage* um den *höchsten Helden* an. Den blutigen Wettstreit um den Ring tut sie als Kindergeschrei ab.

(Brünnhilde.)

Schweigt eures Jammers jauchzenden Schwall!
Das ihr alle verrietet, zur Rache schreitet sein Weib!

(Sie schreitet ruhig voran.)

Kinder hört' ich greinen nach der Mutter, da süße Milch sie verschüttet:
doch nicht erklang mir würdige Klage, des höchsten Helden wert.

Gutrune fällt Brünnhilde, sich heftig vom Boden aufrichtend, ins Wort. Für sie ist Brünnhilde die Urheberin von Siegfrieds Tod. Sie habe die Männer gegen Siegfried aufgehetzt.

(Gutrune.)

Brünnhilde! Neid-Erboste!
Du brachtest uns diese Not:
die du die Männer ihm verhetztest,
weh', dass du dem Haus genaht!

Ruhig und herablassend weist Brünnhilde den Anwurf der – wie sie selbst – um alles betrogenen Nebenbuhlerin zurück. Sie klärt Gutrune auf, dass sie (Brünnhilde) mit Siegfried verheiratet war, bevor Gutrune ihm erstmals begegnete. Gutrune habe sich Siegfried bloß als Mätresse angeboten.

---

[388] Das ist dort ebenfalls Hagen.

[389] *Nibelungenlied* 17. Aventiure, Strophe 1041: *Das ist ein großes Wunder, sehr oft geschieht es auch heute noch: wo immer man den Mordbefleckten bei dem Toten sieht, so bluten dessen Wunden, wie es auch da geschah. Deshalb sah man, dass die Schuld bei Hagen lag.*

(Brünnhilde.)

Armsel'ge, schweig!
Sein Eheweib warst du nie; als Buhlerin bandest du ihn.
Sein Mannesgemahl bin ich, der ewige Eide er schwur,
eh' Siegfried je dich ersah.

So staunenswert schnell wie Gunther begreift Gutrune, wie geschickt Hagen den gemeinsamen Betrug an Siegfried mit einem weiteren Betrug an seinen Halbgeschwistern verband. Anders als er Gunther und Gutrune vorgab,[390] galt Hagens Begrüßungsdroge nicht rein vorsorglich denkbar früheren Damenbekanntschaften Siegfrieds, sondern gezielt dessen Erinnerung an seine legitime Ehefrau Brünnhilde. Mit dieser Einsicht, bemerkte Wagner während der Probearbeiten zur Bayreuther Uraufführung im Jahr 1876, stirbt Gutrune ihren *seelischen Tod*. Das hat viel für sich. Nicht allein rückt Siegfried mit dieser Einsicht für Gutrune in von vornherein unerreichbare Ferne. Auch muss der betrogenen Betrügerin aufgehen, wie verhängnisvoll ihr eigener Beitrag zu Siegfrieds Ende war. Sie selbst hat ihm die entscheidende Droge gereicht. Und Brünnhildes heutzutage altbacken klingender Vorhalt der *Buhlerei* hat zeitbezogen wohl ähnliches Gewicht, als würde Gutrune im Foyer eines Opernhauses der Prostitution enttarnt.

(Gutrune, in jäher Verzweiflung.)

Verfluchter Hagen!
Dass du das Gift mir rietest, das ihr den Gatten entrückt!
Ach Jammer! Wie jäh' nun weiß ich's:
Brünnhild' war die Traute, die durch den Trank er vergaß!

Voll Scheu wendet sich Gutrune von Siegfried ab und *beugt sich ersterbend über Gunthers Leiche;* so bleibt sie regungslos, bis der Vorhang fällt. Hagen steht derweil, trotzig auf Speer und Schild gelehnt, *in finsterer Nachdenklichkeit* auf der entgegengesetzten Seite der Bühne. Brünnhilde, die allein in der Bühnenmitte steht, blickt lange erschüttert und wehmütig auf Siegfried. Schließlich *wendet sie sich mit feierlicher Erhabenheit* an die Männer und Frauen. Im ersten Abschnitt ihres in sechs Abschnitte gegliederten Schlussgesanges[391] fordert sie die Männer auf, am Rheinufer *starke Scheite*

---

[390] Siehe Tz 212–216.

[391] Näher dazu: Carolyn Abbate, *Unsung Voices*, S. 242ff. Thematisch beschreiben die sechs, laut Partitur jeweils vom Orchester unterbrochenen Stationen (siehe in der Partitur die allein vom Orchester bestrittenen Takte 1261–1269, 1307–1309, 1364–1371, 1414–1421 und 1449–

aufzuschichten – ähnlich wie Wotan den Helden Walhalls befahl, die Scheite der Weltesche um den Saal der Götter aufzuschichten.[392]

(Brünnhilde.)
Starke Scheite schichtet mir dort
am Rande des Rheins zu Hauf!
Hoch und hell lod're[393] *die Glut,*
die den edlen Leib des hehrsten Helden verzehrt.

Sein Ross führet daher,
dass mit mir dem Recken es folge:
denn des Helden heiligste Ehre zu teilen,
verlangt mein eigener Leib.

Vollbringt Brünnhildes Wort!

Die Männer errichten und die Frauen schmücken mit Decken, auf die sie Kräuter und Blumen streuen, am Rheinufer einen mächtigen Scheiterhaufen.[394] Von neuem *in den Anblick von Siegfrieds Antlitz versunken*, setzt Brünnhilde ihren Schlussgesang im zweiten Ab-

---

1456) ein Sechseck, das, wer möchte, auch als angedeuteten „Ring" auffassen mag: der erste Abschnitt von Brünnhildes Schlussgesang (Tz 1352–1360), der thematisch eng mit dem sechsten Abschnitt verklammert ist, so dass der erste und der sechste Abschnitt den „Ring" thematisch schließen, betrifft Brünnhilde, Siegfried und ihr geliebtes Pferd Grane – also Brünnhildes allernächstes Umfeld. Brünnhilde kündet ihre (Selbst-)Verbrennung an, die sie im sechsten Abschnitt in die Tat umsetzen wird. Der zweite Abschnitt (Tz 1361–1371) betrifft die Person, die Brünnhilde auf Erden am nächsten stand: Siegfried. Der dritte Abschnitt (Tz 1372–1387) behandelt die Brünnhilde inzwischen entfremdeten Verursacher von Siegfrieds Tod: Wotan und die Götter. Das Thema des vierten Abschnitts (Tz 1388–1400) beginnt in größter emotionaler Distanz mit dem *verfluchten*, *furchtbaren Reif* und leitet mit dem Gedanken an die Rückgabe des Rings in den Rhein die Erlösung ein. Der fünfte Abschnitt (Tz 1401–1407) gilt nochmals Wotan und den Göttern, deren Ende Brünnhilde nunmehr ankündigt. Im sechsten Abschnitt (Tz 1408–1423) kehrt Brünnhilde thematisch zu den Wesen zurück, die bereits im Mittelpunkt des ersten Abschnitts standen: Siegfried, Grane und Brünnhilde selbst.

[392] Siehe Tz 435–438.

[393] Wird / soll die Glut lodern.

[394] Siehe hierzu die *Heldenlieder der älteren Edda* (Das kurze Sigurdlied, Strophe 66): *Den Scheiterhaufen schmücke man mit Tüchern und Schilden.*

schnitt mit einer Liebeserklärung fort. Während ihre Züge *eine immer sanftere Verklärung annehmen,* zeigt sie Verständnis für Siegfrieds Fehltritte. Sie bestätigt, dass Siegfried in der Nacht der stellvertretenden Brautwerbung das Schwert trennend ins Bett legte, also keinen Meineid leistete. Doch für Brünnhilde erscheint Siegfrieds Verhalten deshalb nicht in einem milderen Licht. Für sie war es Verrat, dass Siegfried die Freundestreue mehr galt als seine Liebe zu ihr.[395] Mit der Frageformel der Nornen leitet Brünnhilde zum dritten Teil ihres Schlussgesangs und der Frage über, wie und warum es dazu kam, dass Siegfried scheiterte.

(Brünnhilde.)
Wie die Sonne lauter strahlt mir sein Licht:

der Reinste war er, der mich verriet!
Die Gattin trügend – treu dem Freunde –
von der eig'nen Trauten – einzig ihm teuer –
schied er sich durch sein Schwert.

Echter als er schwur keiner Eide;
treuer als er hielt keiner Verträge;
laut'rer als er liebte kein andrer:
Und doch: alle Eide, alle Verträge,
die treueste Liebe – trog keiner wie er!

Wisst ihr, wie das ward?[396]

Der blindwütige Hass, der Brünnhilde im zweiten Aufzug beherrschte, ist abgeklärter Einsicht gewichen. Nicht mehr von Siegfried und auch nicht von Hagen fühlt sich Brünnhilde an erster Stelle verraten. Wie sie im dritten Abschnitt ihres Schlussgesanges klarstellt, ist für sie Wotan der wahre Verräter. Seine Idee, die Rettung der (Götter-)Welt in die Hände eines unwissenden Helden zu legen, setzte Siegfried Kräften aus, denen er vorhersehbar nicht gewachsen war. Siegfrieds tapferste, von Wotan ersehnte und gene-

[395] In dieser Gegenüberstellung steckt das Kernthema der Tetralogie: Brünnhilde empfindet es als lieblos, dass Siegfried sie kraft seiner überlegenen Kraft zwang (Macht), mit ihr zu nächtigen, ohne liebevoll mit ihr zu schlafen (Liebe). Diese Gegenüberstellung beleuchtet ein (Siegfried drogenbedingt verborgenes) Dilemma: in der besagten Nacht konnte Siegfried nur entweder in bräutlicher Umarmung den Blutsbruder oder durch kalte Enthaltsamkeit die eigene Frau verraten.

[396] Siehe Tz 26, 36, 53, 59, 72 und 78.

ralstabsmäßig vorbereitete Tat,[397] die Hinrichtung des eigenen Vertragspartners Fafner, qualifizierte den unwissenden Drachentöter zum einfältigen Teilnehmer an einem tödlichen Wettstreit um den Ring. Mit einer weiteren Variation der Nornenfrage (*Weiss ich nun, was dir frommt?*) wendet sich Brünnhilde der Zukunft und der Frage zu, was nach deren Versagen aus den Göttern werden soll. Während sie ihre eigene Menschwerdung einst als schmerzhaften Abstieg empfand,[398] fühlt sich Brünnhilde den Göttern inzwischen weit überlegen. Zu diesem prometheischen Gefühl trägt bei, dass Brünnhilde durch Siegfrieds Tod ihr göttliches Wissen zurückgewann.[399]

(Brünnhilde.)
Oh, ihr, der Eide ewige Hüter![400]
Lenkt euren Blick auf mein blühendes Leid;
erschaut eure ewige Schuld!
Meine Klage hör, du hehrster Gott![401]

Durch seine tapferste Tat[402]*,*
dir so tauglich erwünscht,[403]
weihtest du den, der sie gewirkt,
dem Fluche, dem du verfielest;

mich musste der Reinste verraten,
dass wissend würde ein Weib![404]

---

[397] Siehe *Walküre* Tz 478–483, 643–657, 1428–1434 und *Siegfried* Tz 407–412, 419–421, 450–453, 832–834, 838–841, 1389–1402.

[398] Siehe *Siegfried* Tz 1669–1672, 1676–1678, 1681–1685, 1690–1712.

[399] Im großen *Prosaentwurf Siegfrieds Tod* lautet die Stelle inhaltlich klarer: *All mein Wissen verrieth ich dir u. meiner Weisheit mußt' ich so verlustig sein: du nütztest es nicht, auf dich allein nur trotzest du: nun du es frei geben mußtest durch den Tod, kommt mir mein Wissen wieder u. dieses Ringes Runen erkenne ich.* Weiterführend dazu auch: Ulrike Kienzle, in: Udo Bermbach (Hrsg.), *Alles ist nach seiner Art*, S. 101 sowie Roger Scruton, *Ring of Truth,* S. 230.

[400] Die Götter.

[401] Wotan

[402] Siegfrieds Sieg über Fafner; siehe Tz 116f., 182–187 und Torsten Meiwald, *Randbemerkungen,* S. 69ff.

[403] Siehe *Walküre* Tz 478–483, 643–657.

[404] Nur durch Siegfrieds Tod konnte Brünnhilde ihr göttliches Wissen zurückgewinnen.

Weiß ich nun, was dir[405] *frommt?*

Alles, Alles,
Alles weiß ich, Alles ward mir nun frei.
Auch deine Raben hör' ich rauschen:
mit bang ersehnter Botschaft send' ich die beiden nun heim.[406]
Ruhe, ruhe, du Gott![407]

Am Beginn des vierten Abschnitts ihres Abgesangs signalisiert Brünnhilde den Mannen durch einen Wink, Siegfrieds Leiche auf den Scheiterhaufen am Rheinufer zu tragen. Zugleich zieht sie den Ring von Siegfrieds Hand. Während sie den Ring *sinnend betrachtet*[408] und an die eigene Hand steckt, stellt Brünnhilde klar, dass sie den Ring als Verpflichtung empfindet. Gleich will sie tun, was sie ihrer Schwester Waltraute am Vortag abschlug: den Ring in den Rhein zurückgeben. Das Feuer, das sie gleich verbrennen wird, soll den Ring vom *Fluche* reinigen. Den gereinigten Ring mögen die Rheintöchter dann im Rhein auflösen.

(Brünnhilde.)
Mein Erbe[409] *nun nehm' ich zu eigen.*
Verfluchter Reif! Furchtbarer Ring!
Dein Gold fass' ich, und geb' es nun fort.

Der Wassertiefe weise Schwestern,
des Rheines schwimmende Töchter,
euch dank' ich redlichen Rat:
was ihr begehrt, ich geb' es euch:
aus meiner Asche nehmt es zu eigen!

Das Feuer, das mich verbrennt,
ein'ge vom Fluche den Ring!
Ihr in der Flut, löset ihn auf,
und lauter bewahrt das lichte Gold,
das euch zum Unheil geraubt.

---

405 Was Wotan gebührt.

406 Siehe Tz 448–450.

407 Das ist Brünnhildes bitterer Abschiedsgruß an Wotan.

408 Siehe die Regieanweisung in *Rheingold* nach Tz 926.

409 Nach Hagen und Gunther (dieser für Gutrune) ist Brünnhilde die dritte Person, die nach Siegfrieds Tod den Ring als Erbe für sich reklamiert.

Zum fünften und vorletzten Abschnitt ihres Abgesangs wendet sich Brünnhilde dem Scheitgerüst zu, auf dem Siegfrieds Leiche liegt. Sie entreißt einem der Mannen eine Fackel und wendet sich an Wotans Raben. Die brennende Fackel schwingend fordert sie die Raben auf, Wotan zu berichten, was sie soeben am Rheinufer hörten. Auf dem Weg nach Walhall sollen die Raben den Walkürenfelsen besuchen und Loge von dort als Brandstifter nach Walhall entsenden.

(Brünnhilde.)
Fliegt heim, ihr Raben!
Raunt es eurem Herren,
was hier am Rhein ihr gehört!

An Brünnhildes Felsen fahrt vorbei:
der dort noch lodert, weiset Loge nach Walhall![410]
Denn der Götter Ende dämmert nun auf.
So – werf' ich den Brand – in Walhalls prangende Burg.

Brünnhilde schleudert den Brand in den Holzstoß, der sich schnell entzündet. Die beiden Wotansraben fliegen am Ufer auf und verschwinden im Hintergrund. Brünnhilde wendet sich zu Grane und entzäumt das Pferd. *Dann neigt sie sich traulich zu ihm*. Brünnhildes letzter Abschiedsgruß (sechster Abschnitt), dessen dritter Teil andeutungsweise einen Liebesakt imaginiert, gilt Siegfried.

(Brünnhilde.)
Grane, mein Ross!
Sei mir gegrüßt!
Weißt du auch, mein Freund,
wohin ich dich führe?

Im Feuer leuchtend liegt dort dein Herr,
Siegfried, mein seliger Held.
Dem Freunde zu folgen, wieherst du freudig?
Lockt dich zu ihm die lachende Lohe?

Fühl' meine Brust auch, wie sie entbrennt,
helles Feuer das Herz mir erfasst,
ihn zu umschlingen, umschlossen von ihm,
in mächtigster Minne vermählt ihm zu sein!

---

[410] Siehe *Rheingold* Tz 1161–1164.

1420 *Heia-jaho! Grane!*
Grüß' deinen Herren!
Siegfried! Siegfried! Sieh'!
Selig grüßt dich dein Weib.[411]

Brünnhilde schwingt sich auf Grane und sprengt das Pferd mit einem Satz in den brennenden Scheiterhaufen. *Der Brand steigt prasselnd hoch auf*, bis das Feuer *den ganzen Raum vor der Halle der Gibichungen erfüllt und die Halle zu ergreifen scheint. Entsetzt drängen die Männer und Frauen in den äußersten Vordergrund.* Als nach einer Weile der ganze Bühnenraum von Feuer erfüllt scheint, *verlischt der Glutschein, so dass nur ein Dampfgewölk zurückbleibt, das in den Hintergrund verzieht* und am Horizont eine *finstere Wolkenschicht bildet.* Zugleich schwillt der Rhein mächtig an und *überflutet die Brandstätte.* Auf den Wogen schwimmen die Rheintöchter und *erscheinen über der Brandstätte.* Hagen, der seit dem Vorfall mit Siegfrieds Hand in zunehmender Angst Brünnhilde beobachtet hatte, *gerät beim Anblick der Rheintöchter in höchsten Schreck.*[412] Hastig wirft er Speer, Schild und Helm von sich und *stürzt sich wie wahnsinnig* mit dem Ruf

(Hagen.)
Zurück vom Ring!

in die Fluten. Woglinde und Wellgunde umschlingen mit ihren Armen seinen Nacken[413] *und ziehen ihn* mit sich *in die Tiefe.* Ihren Schwestern voran hält Floßhilde jubelnd den wiedergewonnenen Ring in die Höhe. Derweil *bricht durch die Wolkenschicht am Horizont mit wachsender Helligkeit ein rötlicher Glutschein.* Von diesem Glutschein beleuchtet sieht man die drei Rheintöchter auf den ruhigen Wellen des allmählich wieder in sein Bett zurückgekehrten Rheines *lustig mit dem Ring spielen* und einen Reigentanz schwimmen. Aus den Trümmern der zusammengestürzten Gibichungen-Burghalle sehen die Männer und Frauen *in höchster Ergriffenheit dem wachsenden Feuerschein am Himmel* zu. Als dieser schließlich *in lichtester Helligkeit leuchtet*, sieht man den Saal Walhalls, in dem, wie Waltraute im ersten Aufzug beschrieb, die Götter und Helden versammelt sitzen. *Helle Flammen scheinen im Saal der Götter auf-*

[411] Siehe Tz 1278.
[412] Siehe Alberichs berechtigte Sorge in Tz 611–615.
[413] Siehe *Rheingold* Tz 33–120.

zuschlagen. Als die Götter von Flammen gänzlich verhüllt sind, fällt der Vorhang.

Anders als das Bild der apokalyptischen Schluss-Szene[414] wirken mag, markiert der Flammentod der Götter keinen Weltuntergang. Dagegen spricht schon, dass mehrere Hauptpersonen (Erda und die Nornen, Alberich, Gutrune und die Rheintöchter), die Nibelungen und vor allem die Männer und Frauen, die das Inferno *in höchster Ergriffenheit* aus sicherer Entfernung beobachten, den Brand und die Sintflut überleben.[415] Auch das Orchester verbreitet Zuversicht. Die *himmlische Melodie*,[416] mit der die Götterdämmerung schließt (das sogenannte *Erlösungs*-Motiv) und die bereits Brünnhildes Schlussgesang begleitete, markierte in der *Walküre* Sieglindes ergriffenen Dank an Brünnhilde *„Du hehrstes Wunder!"*,

---

414 Wagners Vorstellung von einem revolutionär alles Bestehende verzehrenden Feuer mit dem Ergebnis einer großen Reinigung hat verschiedene Vorbilder und eine sehr unschöne Schattenseite. Eines der Vorbilder findet sich in den *Götterliedern der Älteren Edda*, deren 57. Strophe (Weissagung der Seherin) lautet*: Die Sonne verdunkelt sich / das Land versinkt im Meer / vom Himmel stürzen / die hellen Sterne / es wüten Feuer / und Rauch / große Hitze steigt / selbst bis zum Himmel.* Die unschöne Schattenseite: Wagner befürwortete mehrfach eine apokalyptische Zerstörung der Stadt, der er gefühlt seine bittersten Misserfolge zu verdanken hatte. Am 22. Oktober 1850 schrieb er an seinen Freund Theodor Uhlig: *Wie wird es uns aber erscheinen, wenn das ungeheure Paris in Schutt gebrannt wird, wenn der Brand von Stadt zu Stadt hinzieht, wir selbst endlich in wilder Begeisterung diese unausmistbaren Augiasställe anzünden, um gesunde Luft zu gewinnen? – Mit völligster Besonnenheit und ohne allen Schwindel versichere ich Dir, daß ich an keine andere Revolution mehr glaube als an die, welche mit dem Niederbrande von Paris beginnt.* Knapp zwanzig Jahre später notierte Cosima am 18. August 1870 in ihrem Tagebuch: *er hoffe, daß Paris, die Femme entretenue* (= die Mätresse), *verbrannt würde, ..., der Brand von Paris würde das „Symbol der endlichen Befreiung der Welt von dem Druck alles Schlechten" sein*; siehe dazu näher: Martin Gregor-Dellin, *Richard Wagner*, S. 316f. und 637ff. sowie auch: Herfried Münkler, *Marx/Wagner/Nietzsche*, S. 195ff.

415 So auch Martin Gregor-Dellin, *Richard Wagner*, S. 358: *Ganz endet die Welt nicht, irgendwo bleibt, unausgesprochen, enttäuschtes Volk zurück, der Schimmer einer Hoffnung auf den wiederkehrenden freien Menschen, der es das nächstemal besser macht.*

416 So die Bezeichnung durch Thomas Mann in: *Richard Wagner und der ‚Ring des Nibelungen'* (Vortrag 1937); ähnlich Ernst Bloch: *Die seligmachende Melodie* und *Das Gegenland zum bombastischen Einzug in Walhall.*

nachdem die Göttin der Todessüchtigen ihre Schwangerschaft verkündete und neuen Lebensmut verlieh.[417] Nach einigem Hin und Her sah Wagner davon ab, den weiten Spannungsbogen, den einerseits das apokalyptische Bild auf der Bühne und andererseits die elegischen Klänge aus dem Orchestergraben erzeugen, durch eine textlich kommentierende Festlegung zu zerstören. Den ursprünglich liebesbejahenden Feuerbach-Schluss (*Selig in Lust und Leid lässt – die Liebe nur sein*) ersetzte er vorübergehend durch einen resignierenden Schopenhauer-Schluss (*Trauernder Liebe tiefstes Leiden schloss die Augen mir auf: enden sah ich die Welt*). In der Endfassung schließt der *Ring* wortlos mit einer Welt, die in den Händen der Menschen liegt und mit einer im Orchester textlos angedeuteten Hoffnung auf Liebe[418] – mitunter Bakunin-Schluss genannt.[419] Alex Ross bringt den Reiz des von manchen als unbefriedigend empfundenen offenen Ausklangs treffend auf den Punkt: *Das monumentalste Kunstwerk des 19. Jahrhunderts ist nur ein Vorspiel für die Zukunft. Alles Weitere ist Aufgabe des Publikums.*[420] Dieses Resümee passt zu Wagners eigenen Worten, wonach alle Götter aufgefordert sind, dem freien Menschen zu weichen:

> *Die Absicht der Götter würde erreicht sein,*
> *wenn sie in dieser Menschenschöpfung sich selbst vernichteten,*
> *nämlich in der Freiheit des menschlichen Bewusstseins*
> *ihres unmittelbaren Einflusses sich selbst begeben müssten.*[421]

Der *Ring* ist indes nicht allein ein Freiheitsappell. Ebenso eindringlich plädiert Wagner mit seinem größten Werk gegen Materialismus und für Nächstenliebe. Diese Botschaft der Tetralogie schien Wagner so überdeutlich, dass er bei der Komposition in Brünnhil-

---

417 Siehe *Walküre* Tz 1145–1162.

418 Das offene Ende der *Götterdämmerung*, das Wagner einem zunächst explizit positivem und später einem explizit negativem Ausgang der Tetralogie vorzog, entspricht sowohl Wagners wechselvollem Ringen um den „richtigen" Schluss des gewaltigen Werks als auch der Mythologie der Edda, die den Weltenbrand ebenfalls als (Chance für) einen Neuanfang versteht; siehe die *Edda des Snorri Sturluson* (Gylfis Täuschung, 52. und 53. Gesang).

419 So insbesondere Hans Mayer; siehe auch Herfried Münkler, *Marx/Wagner/Nietzsche*, S. 237.

420 Alex Ross, *Die Welt nach Wagner*, S. 81.

421 Richard Wagner, *Der Nibelungen-Mythos*, GSD II, S. 158.

des Schlussgesang gegenüber der reinen Textausgabe unter anderem folgenden Passus strich:[422]

Verging wie Hauch der Götter Geschlecht,
lass' ohne Walter die Welt ich zurück:
meines heiligsten Wissens Hort weis' ich der Welt nun zu. –
Nicht Gut, nicht Gold, noch göttliche Pracht;
nicht Haus, nicht Hof, noch herrischer Prunk:
nicht trüber Verträge trügender Bund,
noch heuchelnder Sitte hartes Gesetz:
selig in Lust und Leid lässt – die Liebe[423] *nur sein!*

Der *Ring* ist somit nach Wagners Vorstellung ein Aufruf an die Zuschauer, es in eigener Sache besser zu machen als die Götter im *Ring*. Die Zukunft liegt in unseren Händen. Dass Wagner für diese Botschaft an vier Abenden gut 16 Stunden benötigt, erleichtert die Einordnung seines Meisterwerks. Von den zwei Gattungen, in denen Kunst überhaupt nur stattfindet – entweder in Abkürzungen oder in Umwegen – gehört der Ring zur zweiten Kategorie – und dort zur Unterkategorie der Umwege, deren Bewältigung für Mitwirkende und Zuschauer besonders lohnt.

---

422 Wagner notierte dazu: *Dass diese Strophen, weil ihr Sinn in der Wirkung des musikalisch ertönenden Dramas bereits mit höchster Bestimmtheit ausgesprochen wird, bei der lebendigen Ausführung hinwegzufallen hatten, durfte schließlich dem Musiker nicht entgehen.* Mit anderen Worten: was Wagner beim Texten für sinnvoll hielt, erschien ihm beim Komponieren redundant. Diesen Optimismus des Textdichters muss man nicht teilen.

423 Hervorhebung im Original.

Literaturverzeichnis

Carolyn Abbate, Unsung Voices: Opera and Musical Narrative in the Nineteenth Century, Princeton/New Jersey 1991

Udo Bermbach (Hrsg.), „Alles ist nach seiner Art", Figuren in Richard Wagners „Der Ring des Nibelungen", Stuttgart/Weimar 2001

Pierre Boulez/Patrice Chéreau, Der „Ring": Bayreuth 1976–1980, München 1988

Deryck Cooke, I Saw the World End, A study of Wagner's Ring, London 1979

Carl Dahlhaus, Richard Wagners Musikdramen, Zürich/Schwäbisch Hall, 2. Aufl. 1985

Die Edda des Snorri Sturluson, Arnulf Krause (Hrsg.), Ditzingen 2017

Richard Fricke, Eindrücke und Erlebtes in Bayreuth 1876, Nachdruck mit einem Nachwort von Joachim Herz, Stuttgart 1983

André Glucksmann, Die Meisterdenker, Reinbek 1978

Die Götterlieder der Älteren Edda, Arnulf Krause (Hrsg.), Ditzingen 2018

Martin Gregor-Dellin, Richard Wagner, München 1980

Die Heldenlieder der Älteren Edda, Arnulf Krause (Hrsg.), Ditzingen 2020

Bryan Magee, Aspects of Wagner, Oxford 1988

Bryan Magee, Wagner and Philosophy, London 2000

Carl-Heinz Mann, Gerechtigkeit für Wotan – Richard Wagners „Der Ring des Nibelungen" und seine Helden, Frankfurt a.M. 2003

Erika Mann (Hrsg.), Thomas Mann, Wagner und unsere Zeit. Aufsätze, Betrachtungen, Briefe, Frankfurt a.M. 1963

Ernst Meinck, Die sagenwissenschaftlichen Grundlagen der Nibelungendichtung Richard Wagners, Berlin 1892

Torsten Meiwald, Randbemerkungen zu Richard Wagners Ring des Nibelungen, Westerstede 2015

Volker Mertens, Wagner – Der Ring des Nibelungen, Kassel 2013

Herfried Münkler, Marx, Wagner, Nietzsche – Welt im Umbruch, Berlin 2021

Ernest Newman, The Wagner Operas, Princeton 1949

Das Nibelungenlied, Ursula Schulze/Siegfried Grosse (Hrsg./Übers.), Ditzingen 2010

Kurt Pahlen unter Mitwirkung von Rosemarie König, Textbuch mit Einführung und Kommentar zur Götterdämmerung, Mainz 1983
Heinrich Porges, Die Bühnenproben zu den Bayreuther Festspielen des Jahres 1876, Leipzig 1896
Alex Ross, Die Welt nach Wagner, Hamburg 2020
Wolfgang Schadewaldt, Richard Wagner und die Griechen, Drei Bayreuther Vorträge in: ders. Hellas und Hesperien, Band 2, S. 341–405, Stuttgart 1970
Roger Scruton, The Ring of Truth – The Wisdom of Wagner's Ring of the Nibelung, London 2016
Bernard Shaw, Wagner-Brevier, Frankfurt 1973
Hans Rudolf Vaget (Hrsg.), Im Schatten Wagners – Thomas Mann über Richard Wagner, Texte und Zeugnisse 1895–1955, Frankfurt a.M. 1999
Die Völsungensaga, Paul Herrmann (Übers.), 1923
Cosima Wagner, Die Tagebücher in zwei Bänden, hrsg. von Michael Holzinger, Berlin 2015
Richard Wagners Gesammelte Schriften und Briefe, hrsg. von Julius Kapp und Emerich Kastner, Leipzig 1914
Richard Wagner, Gesammelte Schriften und Dichtungen („GSD"), 10 Bände, Leipzig 1888
Richard Wagner, Götterdämmerung, WWV 86 D, Partitur, hrsg. von Hartmut Fladt, London 2003/2017
Richard Wagner, Skizzen und Entwürfe zur Ring-Dichtung, hrsg. von Otto Strobel, München 1930
Peter Wapnewski, Der Ring des Nibelungen, München 1995